Theo von Taane

FUNCRAFT

Das inoffizielle
Mathe Ausmalbuch
- Minecraft Minis -

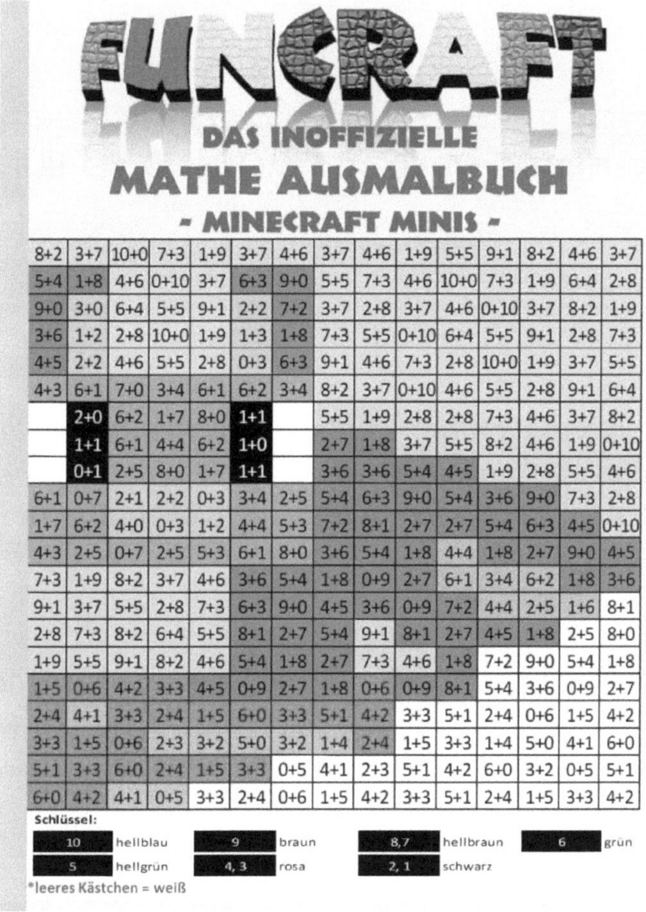
FUNCRAFT

DAS INOFFIZIELLE

MATHE AUSMALBUCH

- MINECRAFT MINIS -

8+2	3+7	10+0	7+3	1+9	3+7	4+6	3+7	4+6	1+9	5+5	9+1	8+2	4+6	3+7
5+4	1+8	4+6	0+10	3+7	6+3	9+0	5+5	7+3	4+6	10+0	7+3	1+9	6+4	2+8
9+0	3+0	6+4	5+5	9+1	2+2	7+2	3+7	2+8	3+7	4+6	0+10	3+7	8+2	1+9
3+6	1+2	2+8	10+0	1+9	1+3	1+8	7+3	5+5	0+10	6+4	5+5	9+1	2+8	7+3
4+5	2+2	4+6	5+5	2+8	0+3	6+3	9+1	4+6	7+3	2+8	10+0	1+9	3+7	5+5
4+3	6+1	7+0	3+4	6+1	6+2	3+4	8+2	3+7	0+10	4+6	5+5	2+8	9+1	6+4
	2+0	6+2	1+7	8+0	1+1		5+5	1+9	2+8	2+8	7+3	4+6	3+7	8+2
	1+1	6+1	4+4	6+2	1+0		2+7	1+8	3+7	5+5	8+2	4+6	1+9	0+10
	0+1	2+5	8+0	1+7	1+1		3+6	3+6	5+4	4+5	1+9	2+8	5+5	4+6
6+1	0+7	2+1	2+2	0+3	3+4	2+5	5+4	6+3	9+0	5+4	3+6	9+0	7+3	2+8
1+7	6+2	4+0	0+3	1+2	4+4	5+3	7+2	8+1	2+7	2+7	5+4	6+3	4+5	0+10
4+3	2+5	0+7	2+5	5+3	6+1	8+0	3+6	5+4	1+8	4+4	1+8	2+7	9+0	4+5
7+3	1+9	8+2	3+7	4+6	3+6	5+4	1+8	0+9	2+7	6+1	3+4	6+2	1+8	3+6
9+1	3+7	5+5	2+8	7+3	6+3	9+0	4+5	3+6	0+9	7+2	4+4	2+5	1+6	8+1
2+8	7+3	8+2	6+4	5+5	8+1	2+7	5+4	9+1	8+1	2+7	4+5	1+8	2+5	8+0
1+9	5+5	9+1	8+2	4+6	5+4	1+8	2+7	7+3	4+6	1+8	7+2	9+0	5+4	1+8
1+5	0+6	4+2	3+3	4+5	0+9	2+7	1+8	0+6	0+9	8+1	5+4	3+6	0+9	2+7
2+4	4+1	3+3	2+4	1+5	6+0	3+3	5+1	4+2	3+3	5+1	2+4	0+6	1+5	4+2
3+3	1+5	0+6	2+3	3+2	5+0	3+2	1+4	2+4	1+5	3+3	1+4	5+0	4+1	6+0
5+1	3+3	6+0	2+4	1+5	3+3	0+5	4+1	2+3	5+1	4+2	6+0	3+2	0+5	5+1
6+0	4+2	4+1	0+5	3+3	2+4	0+6	1+5	4+2	3+3	5+1	2+4	1+5	3+3	4+2

Schlüssel:

10	hellblau	9	braun	8,7	hellbraun	6	grün
5	hellgrün	4, 3	rosa	2, 1	schwarz		

*leeres Kästchen = weiß

FSC
www.fsc.org
MIX
Papier aus verantwortungsvollen Quellen
Paper from responsible sources
FSC® C105338

Bibliografische Information der Deutschen Nationalbibliothek:
Die Deutsche Nationalbibliothek verzeichnet diese Publikation in der Deutschen Nationalbibliografie; detaillierte bibliografische Daten sind im Internet über http://dnb.dnb.de abrufbar.

Herstellung und Verlag: BoD – Books on Demand, Norderstedt

ISBN: 9783734781452

Inhaltsangabe: Seite

1. Baby Zombie *Basis Addition*

6+3	7+2	3+2	6+3	7+2	3+6	8+1	2+7	3+6	1+4	4+5	1+8	2+7	0+9	3+2	5+0	4+5	3+6
3+6	8+1	6+3	7+2	3+7	5+5	9+1	2+8	1+9	8+2	3+7	9+1	5+5	7+3	9+0	5+4	2+7	4+5
4+5	1+8	2+7	9+0	0+10	6+4	1+9	1+9	7+3	2+8	5+5	1+9	3+7	9+1	3+6	9+0	8+1	5+4
8+1	1+4	5+0	1+8	7+3	1+9	2+8	4+6	5+5	4+6	1+9	2+8	9+1	2+8	8+1	2+7	2+3	1+4
2+3	3+6	9+0	6+3	0+10	2+2	0+4	0+1	6+4	2+8	3+0	2+2	0+2	5+5	4+5	1+8	2+7	0+9
1+4	4+5	3+6	8+1	2+8	4+0	1+2	1+1	1+9	5+5	0+3	2+2	1+0	10+0	2+7	7+2	8+1	3+6
0+5	5+4	2+7	3+6	4+6	2+1	2+2	0+4	2+8	4+6	1+2	3+0	2+2	7+3	3+6	4+1	7+2	8+1
3+6	4+5	4+1	1+8	7+3	2+8	2+8	1+9	3+3	5+1	9+1	2+8	1+9	8+2	9+0	1+8	6+3	4+5
2+7	3+6	6+3	4+5	5+5	4+6	1+9	2+8	6+4	2+8	1+9	5+5	7+3	2+8	3+6	1+4	5+0	8+1
0+9	3+2	5+0	8+1	6+4	2+8	4+6	6+4		2+4	2+8	4+6	5+5	4+6	0+9	5+4	6+3	9+0
5+4	1+8	6+3	7+2	3+6	3+5	2+6	0+8	1+9	7+3	2+6	5+3	8+0	1+8	4+5	3+6	8+1	3+6
9+0	1+8	5+4	4+5	9+0	1+7	5+3	4+4	1+7	2+6	3+5	1+7	5+3	9+0	3+2	4+1	6+3	7+2
3+6	5+0	3+2	2+7	3+6	3+3	2+4	6+2	4+4	3+5	6+2	2+4	1+5	4+5	1+8	2+7	9+0	4+5
8+1	2+7	3+6	6+3	4+5	5+1	0+6	5+3	1+7	2+6	0+8	4+2	3+3	8+1	2+7	3+6	5+0	2+7
4+5	3+6	4+5	1+8	5+4	3+3	1+5	6+2	4+4	3+5	5+3	6+0	2+4	7+2	5+4	0+9	6+3	5+4
2+7	8+1	5+4	2+3	1+4	6+0	4+2	6+1	7+0	4+3	2+6	3+3	4+2	5+4	1+8	6+3	7+2	3+6
3+6	4+1	4+5	3+6	9+0	8+1	5+4	3+4	2+5	0+7	6+1	3+6	1+8	0+5	1+4	1+8	2+7	9+0
9+0	6+3	7+2	3+6	8+1	2+7	3+6	2+5	3+4	7+0	5+2	4+5	3+6	9+0	6+3	7+2	8+1	3+6
3+6	9+0	4+1	3+2	5+4	1+8	5+0	6+1	2+5	3+4	7+0	5+4	4+5	3+6	8+1	3+6	3+2	5+0
0+9	3+6	8+1	2+7	3+6	6+3	4+5	0+7	6+1	2+5	3+4	1+8	2+7	2+3	1+4	4+5	3+6	8+1
2+7	4+5	6+3	0+5	1+4	9+0	1+8	2+2	1+3	3+0	2+1	7+2	3+6	4+5	3+6	8+1	0+9	2+3

leeres Kästchen = weiß

Schlüssel:

10	grün	9	hellbraun	8	hellblau	7	dunkelblau
6	dunkelgrün	5	gelb	4, 3	schwarz	2, 1	dunkelgrau

2. Baby Häschen

Basis Addition

8+2	3+7	10+0	7+3	1+9	3+7	4+6	3+7	4+6	1+9	5+5	9+1	8+2	4+6	3+7	1+9	2+8	7+3
5+4	1+8	4+6	0+10	3+7	6+3	9+0	5+5	7+3	4+6	10+0	7+3	1+9	6+4	2+8	3+7	4+6	5+5
9+0	3+0	6+4	5+5	9+1	2+2	7+2	3+7	2+8	3+7	4+6	0+10	3+7	8+2	1+9	2+8	7+3	1+9
3+6	1+2	2+8	10+0	1+9	1+3	1+8	7+3	5+5	0+10	6+4	5+5	9+1	2+8	7+3	6+4	5+5	0+10
4+5	2+2	4+6	5+5	2+8	0+3	6+3	9+1	4+6	7+3	2+8	10+0	1+9	3+7	5+5	8+2	4+6	3+7
4+3	6+1	7+0	3+4	6+1	6+2	3+4	8+2	3+7	0+10	4+6	5+5	2+8	9+1	6+4	1+9	6+4	2+8
	2+0	6+2	1+7	8+0	1+1		5+5	1+9	2+8	2+8	7+3	4+6	3+7	8+2	3+7	8+2	1+9
	1+1	6+1	4+4	6+2	1+0		2+7	1+8	3+7	5+5	8+2	4+6	1+9	0+10	7+3	6+4	8+2
	0+1	2+5	8+0	1+7	1+1		3+6	3+6	5+4	4+5	1+9	2+8	5+5	4+6	3+7	10+0	2+8
6+1	0+7	2+1	2+2	0+3	3+4	2+5	5+4	6+3	9+0	5+4	3+6	9+0	7+3	2+8	1+9	5+5	7+3
1+7	6+2	4+0	0+3	1+2	4+4	5+3	7+2	8+1	2+7	2+7	5+4	6+3	4+5	0+10	6+4	7+3	5+5
4+3	2+5	0+7	2+5	5+3	6+1	8+0	3+6	5+4	1+8	4+4	1+8	2+7	9+0	4+5	10+0	4+6	3+7
7+3	1+9	8+2	3+7	4+6	3+6	5+4	1+8	0+9	2+7	6+1	3+4	6+2	1+8	3+6	2+7	10+0	1+9
9+1	3+7	5+5	2+8	7+3	6+3	9+0	4+5	3+6	0+9	7+2	4+4	2+5	1+6	8+1	5+4	5+5	2+8
2+8	7+3	8+2	6+4	5+5	8+1	2+7	5+4	9+1	8+1	2+7	4+5	1+8	2+5	8+0	8+1	4+4	9+1
1+9	5+5	9+1	8+2	4+6	5+4	1+8	2+7	7+3	4+6	1+8	7+2	9+0	5+4	1+8	2+7	6+1	7+3
1+5	0+6	4+2	3+3	4+5	0+9	2+7	1+8	0+6	0+9	8+1	5+4	3+6	0+9	2+7	1+5	3+3	4+2
2+4	4+1	3+3	2+4	1+5	6+0	3+3	5+1	4+2	3+3	5+1	2+4	0+6	1+5	4+2	3+3	0+5	2+3
3+3	1+5	0+6	2+3	3+2	5+0	3+2	1+4	2+4	1+5	3+3	1+4	5+0	4+1	6+0	4+2	6+0	5+1
5+1	3+3	6+0	2+4	1+5	3+3	0+5	4+1	2+3	5+1	4+2	6+0	3+2	0+5	5+1	1+4	3+3	2+4
6+0	4+2	4+1	0+5	3+3	2+4	0+6	1+5	4+2	3+3	5+1	2+4	1+5	3+3	4+2	1+5	6+0	3+3

leeres Kästchen = weiß

Schlüssel:

10	hellblau	9	braun	8,7	hellbraun	6	grün
5	hellgrün	4, 3	rosa	2, 1	schwarz		

3. Baby Enderdragon *Basis Addition*

8+2	7+3	2+2	1+8	6+5	4+8	3+6	5+4	1+8	8+2	5+5	9+0	8+1	5+4	3+6	7+2	4+6	1+9
3+6	1+8	8+2	5+5	9+0	8+1	5+4	3+6	7+2	4+0	2+2	6+3	1+8	0+9	4+5	1+3	1+8	9+0
5+5	1+9	1+5	6+4	4+2	5+5	3+6	2+7	3+6	7+2	4+6	1+9	3+1	8+1	5+4	2+2	5+4	3+6
3+7	6+2	7+0	4+4	2+5	6+1	4+6	3+3	6+3	2+7	3+6	5+4	4+5	3+6	1+8	0+9	4+5	6+4
5+4	1+0	0+2	0+7	0+1	1+1	2+6	3+4	10+0	2+4	1+8	8+2	5+5	9+0	8+1	6+5	4+8	3+1
9+0	1+1	2+0	6+2	2+0	0+2	5+3	1+7	0+7	2+5	6+1	3+3	4+4	6+1	0+6	5+5	1+5	1+9
2+7	4+3	6+2	0+7	2+5	6+1	7+0	5+3	6+2	5+3	1+7	1+4	0+7	4+4	1+7	2+5	2+5	3+7
3+6	8+0	0+5	2+1	5+1	2+6	5+4	3+6	2+5	1+7	2+5	1+5	3+4	0+7	2+5	6+1	3+4	3+2
4+5	5+5	1+2	3+0	2+1	6+3	1+8	5+5	3+6	2+7	0+8	2+3	4+3	6+2	5+3	1+7	3+3	8+0
1+3	5+4	1+8	8+2	5+5	9+0	8+1	5+4	6+3	7+2	0+5	4+1	2+5	2+5	1+6	1+4	2+6	3+4
0+4	3+6	7+2	4+6	1+9	5+4	3+6	1+3	1+8	9+0	3+3	0+7	5+2	6+1	0+6	0+7	5+3	1+7
1+8	6+5	4+8	5+5	3+6	2+7	3+6	5+4	4+5	3+6	4+2	2+5	2+6	2+3	7+0	6+2	4+4	2+5
7+2	9+0	2+2	3+1	5+4	6+3	7+2	4+6	1+9	1+4	7+0	3+4	6+0	4+4	2+5	6+1	7+0	5+3
5+4	3+6	5+5	9+0	8+1	5+4	3+6	7+2	8+0	1+5	6+2	3+2	0+7	1+7	0+7	2+5	6+2	8+0
8+1	7+2	3+6	7+2	4+6	1+9	8+2	3+4	2+5	4+1	5+1	0+8	6+2	4+3	6+2	5+3	1+7	2+5
0+9	4+5	6+4	4+0	8+1	5+4	5+4	1+8	8+2	0+5	3+2	3+3	1+5	2+4	0+5	1+4	0+5	3+3
3+6	2+7	3+6	5+4	4+5	3+6	1+8	0+9	4+5	6+4	1+4	8+0	2+5	0+7	2+5	6+1	6+2	2+6
5+5	5+5	6+3	2+7	5+4	8+2	2+2	8+2	5+5	9+0	8+1	3+3	3+4	7+1	8+0	2+5	1+7	2+5
10+0	3+1	3+6	1+8	0+9	4+5	0+4	1+8	6+5	4+8	5+4	3+6	2+3	6+2	2+5	6+1	6+1	6+2
4+5	9+0	8+1	5+4	3+6	5+4	1+8	8+2	4+5	1+3	4+0	1+8	9+0	0+5	5+3	7+1	2+5	1+7
6+3	5+4	1+8	8+2	5+5	9+0	8+1	5+4	3+6	7+2	4+6	1+9	0+10	2+2	6+0	2+6	3+4	6+1

leeres Kästchen = weiß

Schlüssel:

10 ,9	hellbraun	8, 7	schwarz	6, 5	grau	4	braun
3	dunkelgrau	2	pink	1	hellpink		

4. Baby Kuh *Basis Addition*

9+1	4+6	7+3	2+8	10+0	1+9	3+7	5+5	0+10	6+4	1+9	1+9	7+3	2+8	8+2	1+9	5+5	4+6
6+2	3+7	6+4	2+8	4+6	6+4	3+7	10+0	9+1	5+3	7+3	1+9	0+5	6+4	1+4	7+3	3+2	3+7
7+2	8+0	2+6	1+7	3+5	2+6		2+7	3+6	4+5	5+5	3+7	1+9	3+2	5+0	2+3	4+6	0+10
6+3	4+4	3+5	0+8	1+7	5+3		3+6	4+5	2+7	6+4	9+1	4+1	2+3		0+5	1+4	7+3
7+3	3+1		2+6			3+6		2+2	0+10	7+3	4+6	1+9	1+4	5+0	4+1	6+4	0+10
9+1	1+2		8+0		9+0	4+5		2+1	6+4	2+8	4+6	3+2	5+5	2+3	10+0	0+5	2+8
2+8	3+5	1+7					5+4	1+8	9+1	1+9	7+3	2+8	2+8	9+1	1+9	7+3	2+8
1+9	2+6		1+1	1+5	0+6	2+0		8+1	2+8	4+6	5+5	4+6	1+9	2+8	4+6	5+5	4+6
4+6	6+2		2+4	1+5	6+0	3+3		2+7	4+4	5+4	3+6			6+2	1+9	1+9	3+7
3+7	0+8		4+2	3+3	2+4	0+6		6+3	3+5	7+1				4+4	4+6	7+3	10+0
0+10	10+0	1+9	3+6	3+5	7+1	1+8	7+2			2+6	1+7			8+1	3+7	5+5	9+1
7+3	4+6	6+4	8+1		0+8	6+2	4+5	1+7			5+3	6+2	3+5	4+5	0+10	6+4	1+9
0+10	7+3	2+8	1+7			4+4	2+7	2+6	7+1	8+0	3+5	2+6	9+0	2+7	7+3	1+9	2+8
4+6	5+5	4+6	6+3	5+3	8+0	0+9	8+1	2+7	3+6	9+0	6+3	0+9	3+6	3+6	0+10	7+3	4+6
3+7	1+9	1+9	2+7	9+0	4+6	2+7	3+6	1+9	7+3	6+3	9+0	5+5	8+1	2+6	2+8	1+9	8+2
3+4	2+5	0+7	8+1	3+6	4+3	3+6	4+5	1+6	3+4	8+1	3+6	6+1	4+5	4+4	2+5	7+0	2+5
6+1	5+2	3+4	7+2	8+1	0+7	1+8	5+4	7+0	5+2	4+5	0+8	4+3	2+7	1+7	5+2	3+4	5+2
3+4	0+7	6+1	6+3	4+5	2+5	4+5	6+2	3+4	3+4	2+7	5+3	0+7	8+0	3+6	0+7	5+2	0+7
5+2	4+3	7+0	2+7	4+5	5+2	0+9	4+4	5+2	6+1	8+1		3+4	5+3	1+8	4+3	7+0	4+3
1+6	0+7	3+4	1+2	3+1	0+7	2+2	1+2	1+6	3+4	4+0	1+3	6+1	0+3	1+3	0+7	3+4	0+7
7+0	6+1	5+2	3+4	3+4	2+5	0+7	5+2	4+3	7+0	1+6	0+7	3+4	3+4	2+5	6+1	4+3	7+0

leeres Kästchen = weiß

Schlüssel:

10	blau	9	braun	8	hellbraun	7	grün
6	rosa	5	gelb	4, 3	schwarz	2, 1	dunkelrosa

5. Baby Küken *Fortgeschrittene Addition*

2+17	13+5	5+15	18+2	3+17	16+3	8+8	4+13	11+6	8+11	8+9	7+9	2+17	14+5	9+10	7+9	7+13	5+15
8+9	12+8	9+9	6+11	14+5	10+10	9+7	5+15	13+5	2+17	4+13	12+8	5+15	10+10	9+9	8+9	2+17	13+5
10+6	3+3	2+4	5+1	3+4	7+0	1+5	3+3	8+8	5+15	8+9	12+8	11+9	10+6	8+8	8+11	9+8	2+17
5+15	1+6	4+3	5+2	4+5	5+3	3+6	3+4	6+11	13+5	3+2	5+13	8+11	4+13	9+7	14+5	11+6	5+15
7+13	6+0	3+6	4+5	7+2	4+4	8+1	0+7	8+9	13+5	10+6	9+10	7+9	2+1	4+1	3+2	13+4	9+9
19+1	4+3	6+3	1+0	1+8	0+1	3+5	5+2	11+6	8+9	7+13	15+5	2+17	10+6	8+8	16+3	14+5	6+11
15+3	11+4	4+4	1+8	1+1	5+3	4+5	7+8	8+8	10+10	16+3	14+5	13+4	9+9	12+8	9+7	2+17	8+9
5+15	8+7	9+5	2+9	8+3	6+7	5+10	8+3	4+13	2+7	6+3	4+4	4+3	6+3	13+5	10+6	9+10	7+9
11+8	6+6	6+7	11+4	5+8	6+6	4+11	5+7	9+7	1+8	3+5	6+2	2+6	5+3	10+10	12+8	8+9	6+10
16+3	11+4	7+7	5+7	5+9	7+8	10+3	7+6	8+8	3+6	0+1	5+3	1+0	4+4	7+8	9+5	2+9	16+3
10+10	4+11	9+2	5+10	6+6	3+8	5+9	8+7	9+7	6+2	2+6	0+2	4+4	1+8	6+6	6+7	11+4	9+7
9+8	10+6	1+1	0+2	7+13	1+1	2+0	8+9	2+17	4+13	12+8	5+8	9+5	5+7	11+4	7+7	5+7	8+8
11+6	13+5	10+6	9+10	7+9	2+17	10+6	8+8	5+15	7+13	5+15	3+8	4+7	10+5	8+7	9+2	5+10	6+11
10+6	1+2	3+2	2+2	3+2	13+4	9+9	12+8	8+8	2+17	13+5	8+3	5+7	2+13	4+11	5+7	11+4	13+4
9+9	16+3	14+5	6+11	8+8	2+17	11+6	7+13	1+4	4+13	7+9	7+8	7+7	6+6	7+6	10+5	8+7	2+17
11+6	9+7	2+17	8+9	1+2	4+1	13+4	8+9	11+8	11+8	5+15	8+9	1+1	8+9	6+10	2+0	2+17	8+9
9+10	8+8	5+15	16+3	13+4	9+9	2+17	7+13	8+8	4+1	8+8	2+17	13+5	9+9	2+17	5+15	5+15	16+3
16+3	2+3	4+1	8+9	2+3	10+6	15+5	11+8	13+4	7+13	2+1	8+8	1+19	3+0	1+3	13+5	2+17	4+13
4+13	10+10	16+3	14+5	13+4	7+13	8+8	1+19	14+5	13+4	9+9	1+4	8+9	2+17	13+5	2+3	8+9	11+8
14+5	10+6	9+10	7+9	2+17	2+1	1+3	4+1	5+13	8+9	15+5	12+8	9+10	4+13	9+7	2+17	7+13	8+8
16+3	8+12	10+10	4+13	9+10	11+8	16+3	10+6	10+6	8+8	7+13	2+17	9+9	14+5	12+8	15+5	11+8	13+4

leeres Kästchen = weiß

Schlüssel:

16-20	hellbraun	10-15	dunkelgelb	8, 9	gelb	6, 7	hellgelb
3-5	grün	2	orange	1	schwarz		

6. Baby Ghast *Fortgeschrittene Addition*

2+17	13+5	5+15	18+2	12+8	11+9	10+6	8+8	8+11	9+8	2+17	7+9	2+17	14+5	9+10	7+9	7+13	5+15
8+9	12+8	12+8	9+10	4+13	9+7	2+17	7+13	13+5	2+17	4+13	12+8	5+15	10+10	9+9	8+9	2+17	13+5
10+10	16+3	14+5	13+4	7+13	8+8	1+19	14+5	13+4	9+9	9+10	4+13	9+7	2+17	7+13	8+8	3+2	9+9
8+11	2+1	2+17	7+13	13+4	5+9	7+8	5+4	9+5	2+9	3+5	5+7	5+9	13+5	10+6	9+10	7+9	7+13
9+9	2+17	7+13	8+8	2+17	4+3	5+2	5+10	6+7	11+4	6+7	4+5	5+3	10+10	12+8	8+9	6+10	10-9
10+6	15+5	11+8	13+4	8+9	10+5	1+1	2+0	7+7	5+7	1+0	0+1	6+7	8+11	5+0	9+9	13+4	13+4
7+13	8+8	1+19	14+5	16+3	5+4	0+1	1+0	9+2	5+10	2+0	1+1	5+4	7+13	5+15	10+10	9+9	7+13
7+9	2+17	8+9	8+9	4+13	6+7	3+6	4+5	8+3	6+7	7+2	4+4	7+8	12+8	11+9	10+6	8+8	8+8
12+8	5+15	3+0	7+13	11+8	7+7	3+5	9+5	5+8	6+6	8+7	2+7	6+6	5+13	8+11	4+13	9+7	13+4
12+8	11+9	4+1	13+4	8+8	6+3	7+7	5+7	2+0	1+1	3+8	5+9	3+5	16+3	14+5	2+2	8+8	14+5
5+13	8+11	9+10	7+9	13+4	4+4	4+11	4+2	5+7	5+9	7+8	10+3	4+5	9+7	2+17	4+1	9+7	8+9
8+9	7+13	15+5	2+17	9+9	13+4	7+8	13+4	7+8	8+9	6+7	11+9	2+9	8+8	5+15	1+2	4+13	7+13
10+10	16+3	14+5	13+4	8+11	2+5	8+3	2+17	6+6	8+8	7+7	8+11	4+11	2+17	14+5	9+10	7+13	13+7
2+17	10+6	8+8	5+15	7+13	5+15	5+7	8+9	11+4	9+10	9+2	14+5	5+7	5+15	10+10	9+9	13+4	2+17
14+5	9+9	11+9	3+4	13+4	2+17	7+6	6+11	8+7	8+9	5+7	2+17	5+10	11+9	10+6	8+8	2+17	9+8
1+5	8+8	8+11	4+2	12+8	9+8	8+7	8+9	4+11	12+8	10+5	9+9	11+4	8+11	4+13	9+7	8+9	11+6
5+2	3+3	9+9	13+5	2+17	4+13	9+9	5+15	10+10	9+9	8+9	2+17	13+5	8+8	16+3	14+5	6+11	8+11
7+0	4+3	2+4	8+8	5+15	8+9	12+8	11+9	10+6	8+8	8+11	9+8	2+17	12+8	9+7	2+17	8+9	7+13
2+4	5+1	7+13	15+5	2+17	10+6	8+8	1+3	4+1	8+8	1+19	14+5	16+3	3+2	9+10	4+13	9+7	13+4
2+17	10+6	16+3	14+5	13+4	9+9	12+8	9+8	2+17	2+17	8+9	7+13	4+13	9+9	13+4	7+13	8+8	12+8
16+3	8+11	9+8	2+17	7+9	2+17	14+5	9+10	10+6	8+8	7+13	2+17	9+9	14+5	12+8	15+5	11+8	13+4

leeres Kästchen = weiß

Schlüssel:

16-20	dunkelblau	10-15	hellgrau	8, 9	grau	6, 7	rot
3-5	gelb	2, 1	schwarz				

7. Baby Pferdchen

Fortgeschrittene Addition

9+10	13+4	8+9	3+6	12+8	9+10	4+13	16+3	10+10	3+16	14+5	2+17	4+13	12+8	5+15	10+10	4+13	2+17
15+5	11+8	15+5	2+7	8+8	13+4			14+5	16+3	10+10				15+5	11+8	1+19	14+5
14+5	8+8	3+3	4+5	1+5	14+5	8+9	8+9	10+10					7+13	8+9			
8+8	5+14	4+2	6+3	7+0	8+9	16+3	10+10	2+17	7+13	8+8	2+17	5+13	8+11	9+10	7+9	13+4	8+8
18+1	4+3	6+1	3+4	5+1	2+5	4+13	2+17	15+5	11+8	13+4	9+8	8+9	7+13	15+5	2+17	9+9	13+4
9+2	3+3	4+3	4+2	2+5	4+3	5+2	5+14	8+8	1+19	14+5	16+3	10+10	16+3	14+5	13+4	8+11	14+5
11+4	0+1		5+1		1+0	4+4	1+5	2+17	8+9	8+9	4+13	2+17	10+6	8+8	5+15	7+13	8+9
9+5	2+9	1+5	2+3	3+3	4+5	5+3	4+3	5+2	4+5	5+3	3+6	4+5	7+2	4+4	1+5	3+16	17+2
6+7	11+4	5+1	3+1	3+4	5+3	4+4	3+6	4+5	7+2	4+4	8+1	6+3	4+4	4+3	5+8	3+3	10+5
7+7	5+7	7+0	0+5	5+1	7+2	6+2	2+7	6+3	4+4	4+3	6+3	3+5	6+2	2+6	8+3	11+4	1+5
9+2	5+10	2+4	1+5	3+3	4+4	5+2	1+8	3+5	6+2	2+6	5+3	4+3	5+2	4+5	3+8	5+7	7+0
5+7	11+4	1+0	7+0	0+1	6+6	4+5	8+1	6+3	4+4	4+3	7+2	3+6	4+5	7+2	7+8	5+10	2+4
10+5	8+7	4+3	2+4	5+1	5+10	8+3	6+3	3+5	6+2	2+6	4+4	2+7	6+3	4+4	8+7	9+5	2+9
5+10	8+7	5+8	6+6	4+11	4+11	5+7	4+3	7+8	6+3	9+5	2+9	4+5	11+4	4+3	6+6	6+7	11+4
2+13	4+11	11+4		10+5	10+3	7+6	2+6	6+6	3+5	6+7	11+4	6+3	8+7	3+6	11+4	7+7	5+7
6+6	7+6		0+4		5+9	8+7	4+5	11+4	4+3	7+7	5+7	3+5	6+6	2+7	4+11	9+2	5+10
4+11		6+6		6+6	8+3	7+6	7+2	8+7	3+6	9+2	5+10	6+3	11+4	1+8	8+3	6+7	10+5
	2+3		0+2	11+4	5+8	6+6	2+1	4+11	0+4	11+4	7+7	3+1	4+11	1+4	5+8	6+6	4+11
7+7		11+4	1+1	8+7	5+9	7+8	3+2	7+6	1+3	8+7	9+2	0+5	11+4	3+2	5+9	7+8	10+3
9+2	1+1	5+7	2+0	4+11	6+6	3+8	5+0	9+2	2+3	4+11	5+7	1+2	5+7	2+2	6+6	3+8	5+9
5+7	2+0	5+10	1+1	7+6	0+2	6+6	1+0	11+4	0+1	1+1	7+8	1+0	5+10	0+1	2+0	8+7	1+1

leeres Kästchen = weiß

Schlüssel:

16-20	hellblau	10-15	hellgrün	8, 9	dunkelbraun	6, 7	braun
3-5	rosa	2	dunkelgrün	1	schwarz		

8. Baby Schäfchen

Basis Subtraktion

9-8	2-1	10-9	1-0	5-4	3-2	8-7	7-6	9-8	4-3	5-4	3-2	5-4	10-9	1-0	3-2	9-8	10-9
		8-7	7-6	9-8	4-3	10-9	1-0	5-4	3-2	9-8	4-3	3-2	2-1				1-0
		2-1	7-3	10-6	5-1	4-0	9-5	7-3	4-3	8-7	7-6						
	9-8	7-6	10-5	5-0	10-3	8-1	7-2	6-1	5-4	10-9	1-0	9-8	10-9			2-1	9-8
7-6	5-4	3-2	5-1	8-1	9-2	10-3	9-2	9-5	9-8	4-3	3-2	2-1	10-9	8-7	7-6	8-7	2-1
1-0	9-8	4-3	10-1	10-3	8-1	9-2	8-1	10-0	6-2	9-5	7-1	8-2	7-3	10-9	1-0	5-4	1-0
10-9	7-6	9-8	4-0	9-2	10-2	9-1	10-3	6-2	10-6	5-1	6-0	10-4	8-4	4-3	10-9	4-3	9-8
8-7	7-6	9-8	4-3	1-0	7-3	10-6	5-1	4-0	5-1	4-0	7-3	10-6	5-1	5-4	3-2	5-4	3-2
10-9	1-0	7-6	3-2	2-1	10-6	10-5	7-3	5-1	6-2	7-2	8-3	6-1	7-3	9-8	4-3	9-8	7-6
9-8	4-3	5-4	8-7	7-6	5-1	6-1	7-2	7-3	10-6	9-5	10-5	8-4	4-0	10-9	1-0	5-4	3-2
5-4	3-2	9-8	10-9	1-0	6-2	8-4	4-0	8-4	5-1	5-1	9-5	6-2	7-3	8-7	7-6	9-8	4-3
9-8	4-3	8-7	4-3	10-9	3-2	6-2	7-3	10-6	1-0	7-6	3-2	10-6	5-1	8-4	8-7	7-6	9-8
7-6	9-8	10-9	5-4	3-2	2-1	10-6	5-1	10-5	4-3	5-4	8-7	5-1	10-6	6-2	10-9	1-0	5-4
1-0	5-4	4-3	9-8	4-3	5-4	5-1	10-6	5-1	3-2	9-8	10-9	10-6	5-1	9-4	3-2	9-8	10-9
10-8	6-3	8-6	5-2	9-7	4-1	10-5	9-5	6-2	4-1	7-5	8-6	4-0	8-4	9-5	10-8	9-7	6-4
4-1	7-5	10-8	6-4	8-5	9-6	5-0	9-4	8-3	5-2	8-6	9-6	6-1	7-2	10-5	8-5	5-2	8-6
7-5	4-1	9-7	8-6	6-4	10-8	4-0	8-2	10-4	6-4	9-7	10-8	8-2	6-0	7-1	4-1	9-7	10-8
6-4	7-5	8-6	10-8	7-4	5-2	6-3	8-6	5-2	9-7	4-1	4-1	9-7	8-6	6-4	10-8	5-2	4-1
8-6	9-7	9-6	8-6	4-1	6-4	7-5	10-8	6-4	8-5	9-6	7-5	8-6	10-8	7-4	5-2	8-5	9-6
10-8	5-2	6-3	9-7	10-8	7-5	4-1	9-7	8-6	6-4	10-8	9-7	9-6	8-6	4-1	6-4	6-4	10-8
4-1	7-4	5-2	6-3	8-5	9-6	7-5	8-6	10-8	7-4	5-2	5-2	6-3	9-7	10-8	7-5	7-4	5-2

leeres Kästchen = weiß

Schlüssel:

1	hellblau	2, 3	hellgrün	4	grau	5	hellgrau
6	dunkelgrau	7	hellrosa	8	dunkelrosa	9, 10	schwarz

9. Baby Schweinchen *Basis Subtraktion*

8-6	10-8	7-4	5-2	8-5	9-6	7-5	10-8	6-4	8-5	9-6	7-5	8-6	10-8	7-4	5-2	8-5	9-6
6-4	9-3	8-2	6-0	7-1	9-3	4-1	9-7	8-6	6-4	10-8	9-7	9-6	8-6	4-1	6-4	6-4	10-8
8-6	9-0	4-0	8-2	10-4	10-1	7-5	8-6	10-8	7-4	5-2	5-2	6-3	9-7	10-8	7-5	7-4	5-2
10-8	7-1	10-6	8-4	4-0	6-0	7-3	4-0	5-1	10-6	5-1	6-2	8-6	10-8	7-4	5-2	6-3	8-6
4-1	10-4	10-2	9-3	8-1	8-2	10-6	5-1	6-2	4-0	7-3	10-6	9-6	8-6	4-1	6-4	7-5	10-8
9-4	4-3	10-9	10-6	8-4	4-0	5-1	7-3	10-6	8-4	4-0	5-1	2-1	10-9	8-7	7-6	8-7	2-1
7-6	5-4	3-2	5-1	6-2	7-3	6-2	8-4	5-1	6-2	7-3	6-2	7-3	9-8	4-3	8-3	6-1	9-8
4-3	5-4	8-7	7-6	10-6	5-1	8-7	7-6	9-8	4-3	1-0	10-6	4-0	4-3	8-7	4-3	10-9	3-2
3-2	9-8	10-9	1-0	5-1	10-6	10-9	1-0	7-6	3-2	2-1	5-1	7-3	9-8	10-9	5-4	3-2	2-1
4-3	8-7	4-3	10-9	4-0	9-5	8-7	9-8	4-3	6-1	6-5	10-3	8-1	5-4	4-3	9-8	4-3	5-4
8-3	6-1	5-4	3-2	7-0	10-2	1-0	10-4	6-0	7-1	8-2	10-4	6-5	7-2	9-8	4-3	9-4	5-0
8-7	9-8	4-3	10-9	4-3	8-7	3-2	10-1	8-2	6-0	10-4	10-0	7-6	9-8	4-3	8-7	7-2	2-1
10-9	7-6	9-8	3-2	5-4	10-9	2-1	7-1	6-2	7-3	6-2	9-3	8-7	7-6	9-8	6-1	5-0	8-7
4-3	1-0	5-4	4-3	9-8	4-3	5-4	6-0	10-2	9-3	10-3	10-4	7-2	10-5	4-3	5-4	10-5	5-4
7-6	3-2	2-1	7-2	10-5	5-4	3-2	5-1	6-2	10-6	5-1	7-3	4-3	1-0	9-8	10-9	5-4	4-3
9-4	9-8	4-3	8-7	6-5	4-3	10-9	7-3	10-6	5-1	10-6	8-4	3-2	2-1	8-3	6-1	9-8	5-4
7-2	6-5	6-5	10-9	1-0	9-8	3-2	6-2	7-3	5-4	8-4	4-0	5-4	3-2	9-8	10-9	1-0	9-8
5-0	5-4	10-9	4-3	3-2	5-4	4-3	10-6	5-1	3-2	6-2	7-3	9-8	4-3	8-7	4-3	10-9	5-4
10-5	7-2	4-3	9-8	4-3	5-0	6-5	10-3	8-0	10-9	9-2	10-2	10-9	5-4	3-2	2-1	7-2	1-0
6-1	8-3	5-4	3-2	8-7	7-6	9-8	4-3	5-4	3-2	10-5	7-2	2-1	8-3	1-0	5-0	9-4	8-3
5-0	9-4	8-3	6-1	7-2	10-5	7-2	8-3	6-1	5-0	9-4	8-3	6-1	7-2	10-5	8-3	6-1	5-0

leeres Kästchen = weiß

Schlüssel:

1	hellbraun	2, 3	hellblau	4	rosa	5	dunkelbraun
6	hellrosa	7, 8	dunkelrosa	9, 10	schwarz		

10. Baby Wolf

Basis Subtraktion

6-4	10-8	4-1	9-7	8-6	6-4	8-6	10-8	7-4	5-2	8-5	9-6	7-5	10-8	6-4	8-5	9-6	7-5
7-5	7-4	5-2	7-5	8-6	10-8	9-6	8-6	4-1	6-4	3-0	10-8	4-1	9-7	8-6	6-4	10-8	9-7
8-6	10-8	7-4	5-2	8-5	9-6	6-3	9-7	10-8	7-5	7-4	5-2	7-5	8-6	10-8	7-4	5-2	5-2
6-4	10-5	7-2	10-8	7-4	5-2	7-2	9-4	6-4	8-5	10-8	4-1	9-7	6-4	8-6	10-8	9-6	7-5
7-5	6-1	8-3	8-6	10-8	9-6	9-4	7-2	8-6	6-4	7-4	5-2	2-0	10-8	9-6	8-6	10-8	4-1
8-5	5-0		9-4	8-3	9-4		5-0	10-8	7-4	10-8	7-4	5-2	9-6	6-3	9-7	5-2	7-5
8-6		10-0	7-2	10-5	8-3	10-1		10-2	6-2	5-1	9-6	6-3	9-7	10-8	7-5	7-4	5-2
6-4		10-1	8-3	6-1	5-0	9-0		10-3	10-6	4-0	6-2	7-3	4-0	5-1	6-2	2-0	9-6
10-8	6-1	8-3		10-0		10-5	7-2	8-1	4-0	7-3	10-6	9-5	5-1	6-2	8-4	4-0	10-8
8-6	5-0	9-4				9-4	8-3	7-0	8-4	5-1	5-1	4-0	7-3	10-6	6-2	7-3	5-2
6-4	8-3	6-1	7-2	10-5	7-2	8-3	6-1	9-1	6-2	7-3	6-2	10-6	8-4	5-1	10-6	5-1	4-1
10-8	6-4	10-8	7-4	5-2	10-2	10-3	9-2	8-0	5-1	10-6	4-0	8-4	6-2	7-3	5-1	10-6	5-2
8-6	7-4	5-2	10-8	9-6	9-5	7-3	8-4	6-2	7-3	5-1	10-6	6-2	10-6	5-1	4-0	9-5	7-4
8-5	10-8	4-1	8-6	10-8	9-7	8-4	6-2	6-4	8-4	9-5	3-0	5-1	9-5	10-8	7-3	5-1	9-6
7-4	7-4	5-2	9-7	5-2	7-5	5-1	10-6	7-4	6-2	4-0	5-2	10-6	7-3	8-6	8-4	7-3	3-0
2-0	10-8	7-4	7-5	7-4	5-2	10-6	5-1	10-8	10-6	6-2	7-4	4-0	8-4	9-7	10-6	8-4	2-0
4-3	8-7	4-3	10-9	3-2	9-8	9-5	4-0	10-9	5-1	8-4	2-1	5-1	10-6	9-8	5-1	9-5	10-9
9-8	10-9	5-4	3-2	2-1	7-6	10-4	8-2	9-8	7-1	6-0	8-7	9-3	8-2	7-6	10-4	6-0	9-8
5-4	4-3	9-8	4-3	5-4	4-3	1-0	5-4	4-3	9-8	4-3	5-4	2-1	10-9	8-7	7-6	8-7	2-1
8-7	9-8	4-3	10-9	4-3	8-7	3-2	10-9	7-6	5-4	3-2	8-7	10-9	2-1	6-5	10-9	1-0	9-8
5-4	3-2	8-7	7-6	9-8	4-3	5-4	3-2	2-1	10-9	8-7	7-6	8-7	2-1	10-9	5-4	3-2	2-1

leeres Kästchen = weiß

Schlüssel:

1	grün	2, 3	blau	4	grau	5	hellgrau
6	dunkelgrau	7, 8	rot	9, 10	schwarz		

11. Baby Steve

Basis Subtraktion

8-7	4-3	10-9	3-2	9-8	8-5	10-8	4-1	6-4	10-4	9-7	6-4	7-4	5-4	4-3	5-4	2-1	10-9
10-9	5-4	3-2	2-1	7-6	10-8	6-4	10-8	2-0	7-1	8-6	10-8	9-7	9-8	3-2	1-0	10-9	2-1
4-3	9-8	4-3	5-4	4-3	8-6	7-4	5-2	8-2	3-0	9-7	5-2	7-5	10-9	8-7	7-6	8-7	5-4
9-8	4-3	10-9	4-3	8-7	8-5		10-0	9-3	2-0	10-1		5-2	2-1	10-9	8-7	7-6	2-1
3-2	8-7	7-6	9-8	4-3	5-2		10-1	7-4	5-2	9-0		6-4	10-9	2-1	6-5	10-9	1-0
4-3	1-0	5-4	4-3	9-8	9-6			10-8	7-4			7-4	8-7	2-1	10-9	5-4	3-2
8-7	3-2	10-9	7-6	9-8	6-4	8-5	10-8	4-1	9-7	6-4	8-6	10-8	9-8	4-3	5-4	4-3	1-0
4-3	5-4	3-2	2-1	10-9	8-6	6-4	7-4	5-2	2-0	10-8	9-6	8-6	4-3	10-9	4-3	8-7	3-2
2-1	10-9	8-7	7-6	8-7	10-8	7-5	10-2			8-1	7-4	5-2	8-7	7-6	9-8	4-3	5-4
5-4	4-3	3-0	6-2	8-4	5-1	10-6	8-6	10-8	6-3	9-7	8-3	6-1	5-1	5-0	2-0	10-9	3-2
4-3	3-2	8-5	9-6	6-1	8-3	7-3	10-6	9-5	5-1	6-2	8-4	4-0	6-2	7-4	5-2	3-2	2-1
9-8	8-7	5-2	7-4	10-6	9-4	5-1	5-0	4-0	7-3	8-3	6-2	7-3	8-4	10-8	7-4	4-3	5-4
4-3	2-1	7-4	5-2	8-5	7-2	7-3	6-2	6-2	8-4	10-5	10-6	5-1	6-4	8-5	9-6	10-9	4-3
7-6	5-4	4-1	6-4	3-0	8-3	10-6	4-0	8-4	6-2	6-1	5-1	10-6	8-6	6-4	10-8	7-6	9-8
2-1	4-3	10-8	7-5	7-4	7-3	5-1	10-6	6-2	10-6	5-1	4-0	9-5	10-8	7-4	5-2	5-4	8-7
7-6	9-8	6-4	8-5	10-8	10-5	7-2	8-4	6-1	4-0	9-5	5-1	6-2	8-6	10-8	9-6	4-3	10-9
10-9	8-7	8-6	6-4	7-4	6-1	8-3	10-6	7-3	10-5	7-2	8-3	6-1	9-6	8-6	10-8	5-4	4-3
3-2	10-9	10-8	7-4	10-8	5-0	9-4	2-0	10-8	9-6	8-6	7-3	6-2	6-3	9-7	5-2	9-8	9-8
4-3	4-3	7-5	8-6	10-8	6-3	9-7	10-8	7-5	7-4	5-2	7-5	4-0	10-8	7-5	7-4	5-4	3-2
10-9	9-8	5-2	8-5	9-6									9-6	7-5	10-8	1-0	4-3
7-6	3-2	10-8	7-4	5-2									10-8	4-1	9-7	10-9	5-4

leeres Kästchen = weiß

Schlüssel:

1 hellblau

2, 3 hellrosa

4, 5 blau

6 hellbraun

7, 8 rot

9, 10 schwarz

12. Baby Rehlein (aus Tiermod) *Fortgeschrittene Subtraktion*

12-10	15-13	19-17	14-13	11-10	16-15	14-13	20-19	15-13	19-17	8-6	11-9	12-8	15-12	13-9	17-14	19-9	16-13
19-12	19-18	11-9	17-16	10-9	20-19	9-7	12-5	12-10	15-13	19-17	14-13	10-6	9-5	20-10	20-16	10-6	19-15
18-11	20-15	15-9	14-8	18-13	6-1	12-6	20-13	12-10	15-13	19-17	14-13	11-10	16-15	17-14	4-0	15-12	13-3
14-7	18-13	12-6	20-14	6-1	19-14	14-8	17-10	15-13	10-8	17-16	1-0	12-10	17-16	10-8	13-7	18-13	10-8
3-1		11-2	13-7	20-15	19-10		13-12	11-9	14-13	12-11	8-6	20-19	15-13	5-4	12-6	14-8	14-13
11-10		10-1	7-2	13-7	18-9		15-13	16-15	11-10	19-18	15-13	19-17	13-12	20-19	19-14	7-2	11-10
19-17	18-13	20-14	18-11	20-13	19-14	20-14	16-15	13-12	19-18	20-19	19-17	15-13	15-13	19-17	15-9	20-15	19-18
14-13	12-6	15-8	19-10	11-2	14-7	13-7	14-13	16-15	15-13	16-15	11-9	17-16	12-10	15-13	20-14	15-9	15-13
12-10	10-5	13-7	12-5	7-0	12-6	18-13	13-7	9-3	12-6	17-10	20-15	15-13	3-1	19-18	13-7	7-2	19-17
16-13	15-12	18-15	19-14	7-2	10-5	14-8	12-6	19-14	10-5	20-15	15-9	9-3	10-6	15-12	14-8	6-1	16-13
19-15	18-15	12-8	6-1	12-6	17-10	7-2	19-14	15-8	15-9	18-13	13-7	14-11	20-14	18-15	18-13	20-15	18-15
11-7	9-5	20-16	7-2	13-7	12-6	20-15	15-9	14-8	7-2	12-5	7-0	15-12	17-14	9-5	7-2	9-3	17-9
12-8	20-12	14-11	19-12	14-8	19-14	9-2	14-7	18-13	6-1	12-6	18-13	14-6	12-8	17-14	20-15	19-14	18-15
11-7	14-11	15-12	13-7	9-3	15-9	7-2	13-7	7-2	20-15	10-5	7-2	12-8	10-6	13-9	9-3	18-13	9-5
12-8	15-12	13-9	17-14	19-14	16-13	20-14	12-8	14-11	9-3	18-15	20-15	17-14	20-16	10-6	19-15	12-8	17-14
17-14	15-3	12-8	12-8	12-6	19-15	13-7	17-14	15-12	19-14	12-8	9-3	12-8	4-0	15-12	11-7	17-14	13-9
9-5	17-14	18-15	16-13	10-5	11-7	14-8	12-8	18-15	18-13	20-16	19-14	16-13	19-15	11-7	9-5	12-8	13-1
13-5	16-8	4-0	19-15	15-9	12-8	18-13	10-6	9-5	7-2	14-11	18-13	19-15	9-1	12-8	16-8	16-13	16-13
11-3	19-11	19-15	11-7	7-2	11-7	9-3	20-16	17-14	20-14	15-12	14-8	11-7	10-6		12-8	19-15	19-15
17-14	12-8	15-12	9-5	6-1	12-8	20-15	4-0	16-13	13-7	13-9	13-7	9-5	11-3	19-8	19-11	11-7	11-7
16-13	11-7	13-9	16-13	9-5	17-14	9-3	19-15	18-15	10-6	12-8	12-6	17-14	19-15	15-4	10-6	9-5	12-8

leeres Kästchen = weiß

Schlüssel:

1, 2	hellblau	3, 4	grün	5, 6	braun	7	hellbraun
8	gelb	9	schwarz	10	rot	11	dunkelgrün
12	orange						

13. Baby Pilzkuh *Fortgeschrittene Subtraktion*

12-10	16-15	11-10	19-18	15-13	19-17	20-19	15-13	14-13	16-15	15-13	16-15	11-9	17-16	12-10	15-13	14-13	11-10
20-19	13-12	19-18	20-19	19-17	15-13	19-17	12-10						16-15	11-10	19-18	1-0	12-10
14-13	9-3	16-15	11-9	17-16	14-8	12-10	15-13	19-17	20-19	13-12						8-6	20-19
11-10	17-14	16-13	19-15	11-7	14-11	15-13	14-13	11-10	11-9	14-13	12-11	8-6	20-19	15-13	20-19	15-13	19-17
19-18	12-8	18-15	12-8	12-8	11-7	11-9	17-16	10-9	16-15	11-10	19-18	15-13	19-17	13-12	20-19	19-17	15-13
15-13	19-10		9-5		20-11	16-15	11-10	19-18	13-12	19-18	20-19	19-17	15-13	15-13	19-17	8-6	20-19
10-9	14-5		18-10		17-8	13-12	19-18	20-19	16-15	15-13	16-15	11-9	17-16	12-10	15-13	15-13	19-17
15-8	16-8	11-3	19-11	10-12	14-6	13-9	18-11	20-13	9-2	14-7	12-5	7-0	17-10	15-8	11-7	20-16	12-5
17-10	19-10	11-2	14-5	18-9	16-7	15-12	20-16	17-14	15-12	16-13	17-14	19-15	16-13	13-9	12-8	11-7	9-2
18-13	13-5	16-8	17-8	20-12	14-6	11-7	13-9	12-8	18-15	19-15	12-8	11-7	20-16	10-6	17-14	12-8	18-11
14-8	11-3	19-11	13-5	17-9	9-1	12-8	16-13	10-6	9-5	11-7	14-11	12-8	14-11	13-9	18-15	12-6	20-13
13-7	7-2	20-10	22-12	16-6	9-3	7-3	7-3	20-16	17-14	12-8	15-12	17-14	11-7	15-12	10-6	19-14	14-8
18-13	20-14	12-8	15-12	17-14	14-8	7-2	20-16	12-8	16-13	19-15	17-14	18-15	19-15	11-7	14-11	15-9	9-3
18-11	17-10	9-2	9-5	14-7	12-5	7-0	17-14	13-9	11-7	12-8	13-9	9-5	11-7	17-14	15-12	17-10	15-8
20-13	14-8	7-0	13-5	20-13	9-2	17-10	14-11	10-6	12-8	17-14	20-16	16-13	16-13	12-8	19-15	9-2	18-13
7-2	9-3	9-2	14-7	12-5	19-14	20-13	9-2	15-12	12-6	18-15	17-10	20-16	9-2	10-6	20-13	18-13	7-2
18-13	12-6	20-14	6-1	19-14	14-8	14-8	7-2	17-14	10-5	10-6	18-13	14-11	12-6	20-16	14-8	14-8	20-15
7-2	10-5	13-7	20-15	15-9	18-13	9-3	20-14	11-7	15-9	14-11	14-8	15-12	19-14	12-8	9-3	13-7	9-3
19-14	20-14	15-9	18-13	7-2	12-6	19-14	13-7	17-14	7-2	15-12	13-7	17-14	15-9	15-12	19-14	7-2	19-14
12-5	7-0	18-11	17-10	9-2	7-0	14-7	12-5	12-8	20-13	19-15	7-0	11-7	18-11	17-14	20-13	9-2	17-10
14-7	12-5	7-0	18-11	17-10	9-2	17-10	15-8	17-8	12-5	14-5	9-2	18-9	20-13	19-10	9-2	14-7	12-5

Schlüssel: **leeres Kästchen = weiß**

1, 2	blau	3, 4	rot	5, 6	grün	7	hellbraun
8	dunkelbraun	9	braun	10	dunkelgrün	11	rosa
12	gelb	13	schwarz	14	grau		

14. Baby Zieglein (aus Tiermod) *Fortgeschrittene Subtraktion*

12-10	16-15	11-10	19-18	15-13	19-17	20-19	15-13	14-13	16-15	15-13	16-15	11-9	17-16	12-10	15-13	14-13	11-10
20-19	13-12	19-18	20-19	19-17	15-13	19-17	12-10						16-15	11-10	19-18	1-0	12-10
14-13	9-3	16-15	11-9	17-16	14-8	12-10	15-13	19-17	20-19	13-12						8-6	20-19
11-10	17-14	16-13	19-15	11-7	14-11	15-13	14-13	11-10	11-9	14-13	12-11	8-6	20-19	15-13	20-19	15-13	19-17
19-18	12-8	18-15	12-8	12-8	11-7	11-9	17-16	10-9	16-15	11-10	19-18	15-13	19-17	13-12	20-19	19-17	15-13
15-13	19-10		9-5		20-11	16-15	11-10	19-18	13-12	19-18	20-19	19-17	15-13	15-13	19-17	8-6	20-19
10-9	14-5		18-10		17-8	13-12	19-18	20-19	16-15	15-13	16-15	11-9	17-16	12-10	15-13	15-13	19-17
15-8	16-8	11-3	19-11	10-12	14-6	13-9	18-11	20-13	9-2	14-7	12-5	7-0	17-10	15-8	11-7	20-16	12-5
17-10	19-10	11-2	14-5	18-9	16-7	15-12	20-16	17-14	15-12	16-13	17-14	19-15	16-13	13-9	12-8	11-7	9-2
18-13	13-5	16-8	17-8	20-12	14-6	11-7	13-9	12-8	18-15	19-15	12-8	11-7	20-16	10-6	17-14	12-8	18-11
14-8	11-3	19-11	13-5	17-9	9-1	12-8	16-13	10-6	9-5	11-7	14-11	12-8	14-11	13-9	18-15	12-6	20-13
13-7	7-2	20-10	22-12	16-6	9-3	7-3	7-3	20-16	17-14	12-8	15-12	17-14	11-7	15-12	10-6	19-14	14-8
18-13	20-14	12-8	15-12	17-14	14-8	7-2	20-16	12-8	16-13	19-15	17-14	18-15	19-15	11-7	14-11	15-9	9-3
18-11	17-10	9-2	9-5	14-7	12-5	7-0	17-14	13-9	11-7	12-8	13-9	9-5	11-7	17-14	15-12	17-10	15-8
20-13	14-8	7-0	13-5	20-13	9-2	17-10	14-11	10-6	12-8	17-14	20-16	16-13	16-13	12-8	19-15	9-2	18-13
7-2	9-3	9-2	14-7	12-5	19-14	20-13	9-2	15-12	12-6	18-15	17-10	20-16	9-2	10-6	20-13	18-13	7-2
18-13	12-6	20-14	6-1	19-14	14-8	14-8	7-2	17-14	10-5	10-6	18-13	14-11	12-6	20-16	14-8	14-8	20-15
7-2	10-5	13-7	20-15	15-9	18-13	9-3	20-14	11-7	15-9	14-11	14-8	15-12	19-14	12-8	9-3	13-7	9-3
19-14	20-14	15-9	18-13	7-2	12-6	19-14	13-7	17-14	7-2	15-12	13-7	17-14	15-9	15-12	19-14	7-2	19-14
12-5	7-0	18-11	17-10	9-2	7-0	14-7	12-5	12-8	20-13	19-15	7-0	11-7	18-11	17-14	20-13	9-2	17-10
14-7	12-5	7-0	18-11	17-10	9-2	17-10	15-8	17-8	12-5	14-5	9-2	18-9	20-13	19-10	9-2	14-7	12-5

leeres Kästchen = weiß

Schlüssel:

1, 2	hellblau	3, 4	grau	5, 6	hellbraun	7	grün
8	hellgrau	9	schwarz	10	rot		

15. Baby Kätzchen (aus Tiermod) *Basis Multiplikation*

7x7	10x5	9x5	6x7	12x4	2x25	5x9	6x7	5x10	6x8	2x25	10x5	6x7	10x5	7x7	10x5	6x7	8x6
5x10	2x21	21x2	4x12	6x6	10x5	7x7	7x6	11x4	6x7	10x5	11x4	3x11	11x4	6x7	21x2	4x12	6x7
2x25	5x9	7x7	8x5	5x7	3x11	4x11	9x5	2x25	5x9	6x7	7x5	6x6	10x4	5x9	7x7	10x5	24x2
10x5	7x7	5x8	10x4	2x9	4x10	11x3	7x6	6x7	24x2	11x3	5x8	4x5	8x5	4x10	21x2	2x21	9x5
7x6	4x12	6x6	3x6	4x5	8x2	7x5	4x12	2x21	9x5	8x5	2x8	3x6	8x2	6x6	2x25	10x5	7x7
9x5	10x5	5x7	5x4	9x2	2x8	5x8	21x2	4x12	7x6	3x13	8x2	6x3	2x9	5x7	10x5	11x4	2x25
6x7	9x5	12x3	11x3	11x3	5x8	7x5	11x3	5x8	7x5	10x4	3x13	8x5	12x3	11x3	7x6	4x12	6x7
10x5	6x7	7x5	8x5	3x13	7x5	11x3	5x8	4x10	11x3	3x12	12x3	10x4	7x5	8x5	9x5	10x5	2x21
21x2	4x12	6x6	8x5	2x14	5x5	2x12	8x5	5x7	12x3	7x3	12x2	4x7	6x6	5x8	6x7	21x2	4x12
7x7	10x5	5x7	3x13				12x3	7x5	3x11				5x7	3x13	4x12	2x21	9x5
2x21	21x2	7x5	6x6		0x7	4x1	4x10	12x3	8x5	1x8	4x2		7x5	6x6	7x2	1x12	2x7
3x1	9x0	1x2	5x7		1x4	2x2	11x3	6x6	10x4	2x5	3x3		10x4	3x13	1x4	2x2	1x4
10x5	7x7	6x6	2x5	3x3			8x2	2x8	5x4			2x4	1x9	3x3	2x7	7x2	12x1
11x4	6x7	5x8	7x5	8x5			4x5	4x4	2x8			8x5	4x10	6x6	1x14	1x12	5x3
6x0	3x2	2x4	1x9	3x3								8x0	1x3	1x3	3x1	9x0	1x2
6x7	24x2	11x3	5x8	7x5								12x3	7x5	11x3	14x1	2x7	3x5
2x21	9x5	7x5	2x3	2x5			7x4	12x2	3x7			1x8	4x2	6x6	7x2	1x12	2x7
1x4	2x2	1x4	8x5	4x10			2x14	5x6	2x12			5x7	5x8	8x0	1x3	1x3	5x2
10x5	6x7	6x6	10x4	12x3	11x3	7x5	3x13	7x5	5x7	5x8	7x5	8x5	4x10	11x3	2x7	12x1	7x2
21x2	4x12	5x7	12x3	7x5	8x5	12x3	8x5	4x10	12x3	7x5	11x3	3x13	7x5	8x5	1x14	5x3	1x12
7x7	10x5	6x7	21x2	4x12	2x21	9x5	1x14	2x7	5x3	1x14	3x5	12x1	2x7	7x2	12x1	7x2	3x5

leeres Kästchen = weiß

Schlüssel:

41-50	blau	31-40	hellgrau	21-30	grau	16-20	rosa
11-15	dunkelgrau	0-10	schwarz				

16. Baby Entlein *Basis Multiplikation*

7x7	10x5	2x25	6x8	4x12	10x5	7x7	6x7	7x7	4x12	10x5	6x8	2x24	24x2	6x7	6x8	7x6	9x5
21x2	21x2	6x7	24x2	6x8	12x4	21x2	7x6	9x5	9x5	7x7	4x12	6x7	9x5	2x21	6x7	9x5	4x11
2x25	5x9	6x7	4x12	2x21	2x21	9x5	2x21	9x5	4x11	6x7	5x10	6x8	6x8	4x12	10x5	6x7	6x8
10x5	7x7	7x3	4x7	8x3	13x2	5x5	7x6	2x24	6x8	7x6	11x4	6x7	10x5	7x7	21x2	4x12	6x7
7x6	4x12	2x13	5x5	4x7	3x7	4x7	8x6	24x2	6x7	9x5	2x25	5x9	7x6	4x11	7x7	10x5	24x2
9x5	10x5		5x2	13x2	3x3		6x8	2x24	10x5	6x7	6x7	24x2	6x8	12x4	21x2	21x2	9x5
6x7	9x5		4x2	3x7	2x3		4x12	6x7	21x2	4x12	2x21	9x5	10x5	7x7	2x25	5x9	6x8
10x5	6x7	5x5	4x7	13x2	5x5	7x4	6x7	10x5	7x7	21x2	4x12	7x6	11x4	6x7	10x5	7x7	10x5
21x2	4x12	3x6	3x5	8x2	2x6	5x4	5x5	10x3	7x3	4x7	2x13	8x3	13x2	5x5	7x6	4x12	6x7
7x7	10x5	5x4	9x2	4x5	4x4	2x8	4x7	3x7	8x3	3x10	5x5	4x7	3x7	4x7	9x5	10x5	5x9
21x2	21x2	10x5	6x7	5x5	10x3	5x5							7x3	7x4	6x7	6x7	24x2
2x25	5x9	21x2	4x12	8x3	7x4	4x7							2x13	5x5	4x12	2x21	9x5
7x5	11x3	12x3	11x3	7x3	4x7	2x13					4x7	2x13	8x3	7x5	11x3	5x8	7x5
4x10	3x13	7x5	8x5	8x3	3x10	5x5	8x3	13x2	5x5	7x4	3x10	4x7	2x13	12x3	8x5	4x10	11x3
		6x6	10x4	12x3	11x3	7x5	3x13	7x5	5x7	5x8	7x5	8x5	4x10	11x3			
7x5	8x5	5x7	12x3	7x5	8x5	12x3	8x5	4x10	11x3	13x3	4x10	3x13	7x5	8x5	12x3	7x5	11x3
4x10				6x6	8x5			3x11				5x8			4x10	12x3	8x5
5x8	6x6	10x4	3x13	5x7	3x13	5x8	7x5	7x5	11x3	10x4	3x13	7x5	11x3	12x3	11x3	6x6	10x4
9x4	12x3	13x3		7x5	6x6	4x10						4x10	8x5	4x10	8x5	5x7	12x3
5x8	7x5	7x5	11x3	10x4	3x13	8x5	4x10	7x5	11x3	5x8	7x5	3x13	7x5	5x7		5x8	6x6
4x10	6x6	12x3	8x5	12x3	12x3	3x13	7x5	12x3	3x13	7x5	11x3	8x5	4x10	11x3	13x3	5x7	9x4

leeres Kästchen = weiß

Schlüssel:

41-50	hellblau	31-40	blau	21-30	gelb	16-20	orange
11-15	dunkelorange	0-10	schwarz				

17. Baby Äffchen (aus Tiermod) *Basis Multiplikation*

6x6	12x3	6x8	9x4	21x2	7x5	3x12	11x3	12x4	5x7	9x5	5x8	4x12	3x12	9x4	7x7	3x11	7x5
8x5	3x12	10x5	8x5	5x9	9x4	13x2	5x3	3x7	3x8	13x2	3x4	4x10	4x12	5x8	9x5	9x4	5x8
3x12	7x5	21x2	10x4	5x10	8x5	15x1	7x2	15x1	1x13	4x3	2x7	8x5	12x4	10x4	4x12	7x5	9x4
6x6	7x7	12x3	5x7	4x10	2x7	7x2	1x5	3x5	3x4	2x2	5x3	1x12	5x10	8x5	10x4	6x8	4x10
3x12	5x9	7x5	9x4	6x6	12x1	5x5	2x7	4x3	1x14	3x5	3x7	15x1	5x8	7x7	5x7	10x5	5x7
5x8	5x10	3x12	8x5	3x12	3x4	3x8	4x2			3x3	2x13	5x3	6x6	9x5	6x6	21x2	6x6
5x7	4x12	4x10	3x12	11x3	12x4	3x7	7x2	11x1	5x3	12x1	7x4	9x4	10x5	6x6	5x8	7x5	6x8
12x3	5x8	5x10	6x6	3x12	9x5	12x2	7x4	2x13	5x5	3x7	2x12	7x5	6x8	3x12	6x6	12x3	4x12
10x4	9x4	6x8	3x12	5x5	2x12	4x4	4x5	5x4	3x6	5x4	4x4	8x3	4x7	5x9	10x4	3x12	12x4
7x5	10x4	12x4	4x10	2x13	7x3	6x3	1x20	4x4	6x3	6x3	3x6	3x10	7x3	5x10	3x11	4x10	5x10
3x12	8x5	9x5	7x5	8x3	4x7	5x4	3x6	3x6	5x4	3x6	6x3	13x2	2x13	4x12	9x4	21x2	4x9
3x11	5x10	7x5	12x3	3x7	3x8	6x3	4x4	6x3	4x4	6x3	4x4	5x5	7x4	5x7	4x10	5x9	6x6
9x4	12x4	8x5	3x12	2x13	5x5	3x6	5x4	4x5	3x6	3x6	5x4	7x3	2x12	9x4	5x7	5x10	4x10
3x11	7x7	5x7	7x5	13x2	12x2							2x13	3x7	5x8	6x8	3x11	8x5
9x4	9x5	3x12	11x3	3x7	3x8							8x3	4x7	10x4	10x5	9x4	7x5
7x5	4x12	6x6	5x7	3x10	3x7	3x8	13x2			5x5	4x7	2x12	11x2	3x11	21x2	7x5	9x4
8x5	6x8	5x8	4x10	5x5	13x2	4x7	11x2	4x10	6x6	8x3	3x10	3x7	8x3	5x7	3x12	7x7	10x4
5x7	9x4	4x12	6x6	8x3	3x4	2x13	7x3	6x6	8x5	3x7	3x8	12x1	7x4	12x3	4x10	9x5	5x7
7x5	5x8	6x8	12x3	11x1	5x3	8x3	4x7	3x12	5x9	3x10	3x7	2x7	7x2	4x10	7x5	4x12	9x4
8x5	10x4	10x5	5x8	9x4	6x6	2x12	2x11	11x3	5x10	5x5	13x2	12x4	6x6	8x5	7x7	9x4	5x7
4x10	8x5	21x2	5x7	8x5	3x12	11x1	5x3	3x12	4x12	5x3	1x12	9x5	3x12	10x4	9x5	7x5	4x10

leeres Kästchen = weiß

Schlüssel:

41-50	dunkelgrün	31-40	hellgrün	21-30	braun	16-20	dunkelbraun
11-15	rosa	6-10	dunkelrot	0-5	schwarz		

18. Baby Eule (aus Tiermod) *Basis Multiplikation*

4x12	10x5	6x8	2x24	6x8	12x4	10x5	6x7	6x7	24x2	10x5	4x11	5x10	4x12	6x7	7x7	24x2	6x7
9x5	7x7	4x12	6x7	10x5	7x7	21x2	4x12	2x21	9x5	21x2	7x7	2x24	6x8	7x6	9x5	9x5	2x21
4x11	6x7	5x10	6x8	6x6	3x11	9x4	7x5	5x8	12x3	5x7	6x6	3x11	9x4	2x21	9x5	6x8	4x12
6x8	7x6	11x4	6x7	9x4	1x1	4x1	2x7	11x3	6x6	5x1	1x2	5x3	12x3	7x6	2x24	10x5	7x7
6x7	9x5	2x25	5x9	4x10	1x4	2x2	5x3	3x13	12x3	3x1	1x3	7x2	9x4	8x6	24x2	7x6	4x11
10x5	6x7	6x7	24x2	7x5	3x1	3x1	1x2	10x4	7x5	2x2	2x0	0x4	6x6	6x8	2x24	6x8	12x4
21x2	4x12	2x21	9x5	12x3	5x0	1x3	1x3	5x4	4x5	1x4	2x2	1x4	12x3	4x12	6x7	10x5	7x7
7x7	10x5	7x3	4x7	9x4	3x12	11x1	7x2	4x5	3x6	3x5	5x3	5x7	10x4	8x3	13x2	6x7	5x10
21x2	21x2	2x13	5x5	7x5	11x3	12x3	11x3	2x7	12x1	7x5	11x3	5x8	7x5	4x7	3x7	7x6	4x12
2x25	5x9		10x3	4x10	3x13	7x5	8x5	1x14	5x3	12x3	8x5	4x10	11x3	5x5		7x7	9x5
4x12	3x10		4x7			6x6	8x5			6x6	10x4			8x3		13x2	24x2
9x5	7x3	4x7	2x13			5x7	3x13			5x7	12x3			5x5	10x3	5x5	2x25
6x7	8x3	3x10	3x7	8x3	13x2	7x5	6x6	7x3	4x7	5x8	6x6	5x5	10x3	8x3	4x7	4x7	6x7
2x21		13x2	4x12	4x7	3x7	10x4	3x13	2x13	5x5	9x4	12x3	4x7	3x7	10x5	10x3		7x6
7x7		5x5	7x7	2x2	11x0	12x3	12x3	8x0	1x3	5x8	7x5	9x0	1x2	21x2	4x7		6x8
10x5	7x3	4x7	3x3	1x4	2x2	6x6	7x5	2x2	11x0	4x10	6x6	1x3	1x3	8x6	2x13	3x7	4x12
21x2	6x8	1x8	4x2	5x2	5x9	8x3	13x2	7x6	11x4	5x5	10x3	4x12	10x5	7x7	6x8	2x21	5x2
5x9	6x7	2x5	3x3	7x7	2x8	5x4	9x2	4x5	4x4	2x8	5x4	8x2	7x6	4x11	6x7	1x8	4x2
10x3	1x9	3x3	8x3	13x2	3x6	5x5	10x3	9x2	3x6	2x13	5x5	4x5	7x3	4x7	2x4	1x9	3x3
8x3	13x2	2x12	2x13	5x5	10x3	8x3	4x7	2x13	3x7	13x2	2x13	7x3	4x7	3x10	5x5	2x13	3x8
3x10	4x7	3x7	8x3	4x7	8x3	4x7	2x13	8x1	2x5	3x3	2x12	8x3	3x10	3x7	8x3	5x5	13x2

leeres Kästchen = weiß

Schlüssel:

41-50	hellblau	31-40	hellbraun	21-30	braun	16-20	orange
11-15	grau	6-10	grün	0-5	schwarz		

19. Baby Hündchen (aus Tiermod) *Fortgeschrittene Multiplik.*

12x6	25x3	39x2	11x7	25x3	39x2	20x4	25x3	39x2	32x2	4x20	11x7	3x25	7x11	20x4	4x17	20x4	12x6
2x32	6x12	5x10	11x4	25x2	15x3	2x22	20x4	11x7	3x25	7x11	25x3	39x2	32x2	6x12	39x2	3x25	10x8
11x7	5x11	2x2	4x11	10x5	2x25	3x3	5x12	20x4	11x7	3x25	10x8	20x4	25x3	11x7	20x4	25x3	32x2
47x2	5x12	21x2	11x5	2x26	5x12	2x21	30x2	2x47	10x10	4x25	6x15	9x10	47x2	30x3	2x45	22x4	10x9
5x20	6x10	5x5	6x5	2x12	11x2	2x12	5x12	4x12	22x2	2x21	10x9	15x6	20x5	10x9	22x4	10x10	49x2
3x30	11x5	2x15	14x2	2x7	3x10	5x5	28x2	2x25	15x3	15x6	20x5	10x9	3x30	5x20	10x10	5x11	10x10
6x15	15x6	20x5	4x11	3x15	12x4	22x2	2x25	10x5	4x11	10x9	41x2	4x22	6x15	30x3	20x5	10x9	48x2
6x10	2x28	25x4	2x21	22x2	2x25	15x3	25x2	15x3	12x4	4x25	10x10	15x4	30x3	10x9	25x2	5x20	10x9
4x25	15x6	20x5	5x10	11x4	10x5	4x11	10x5	5x10	2x22	15x6	4x25	5x20	44x2	2x47	10x10	4x25	44x2
47x2	5x20	15x6	2x47	4x2	2x5	30x3	45x2	2x4	1x10	22x4	9x10	15x6	20x5	26x2	4x15	2x28	9x10
20x5	30x2	2x28	10x9	15x6	5x20	10x9	4x22	41x2	4x22	15x6	30x3	5x20	6x15	9x10	2x47	30x3	45x2
30x3	10x9	30x3	2x45	5x20	22x4	5x20	7x5	11x3	3x13	5x7	18x2	6x15	4x25	5x20	30x3	9x10	22x4
9x10	10x10	9x10	22x4	30x3	30x3	5x11	10x1	8x5	20x2	2x18	2x4	2x30	47x2	30x3	5x12	2x28	9x9
25x4	48x2	5x20	10x10	10x9	15x6	15x4	3x11	10x6	5x12	2x28	13x3	5x11	20x5	10x9	30x3	2x45	10x10
47x2	9x10	2x28	10x6	5x20	10x9	28x2	3x10	6x5	12x2	2x14	5x5	15x4	3x30	5x20	10x9	22x4	48x2
20x5	6x15	22x4	5x20	30x3	4x25	26x2	11x2	5x5	3x6	5x6	15x2	6x10	9x10	10x6	5x20	10x10	10x9
30x3	15x6	11x5	30x3	10x9	30x3	10x10	8x5	20x2	2x18	5x7	18x2	2x48	4x25	5x20	30x3	20x5	6x15
6x15	2x41	15x6	10x9	30x3	9x9	48x2	2x20	3x11	13x3	2x18	7x5	47x2	47x2	30x3	10x9	25x2	15x6
30x3	10x10	6x10	2x28	5x12	3x30	5x7	5x8	7x5	11x3	8x5	20x2	2x18	20x5	10x9	2x30	28x2	11x5
44x2	25x4	10x10	9x10	22x4	30x3	5x7	18x2	5x8	2x20	18x2	7x5	11x3	3x30	5x20	22x4	10x9	22x4
2x47	9x10	30x3	4x25	30x2	22x4	5x20	30x3	5x2	3x3	3x2	10x9	22x4	6x15	30x3	10x10	2x28	15x6

leeres Kästchen = weiß

Schlüssel:

81-100	hellbraun	61-80	grün	51-60	braun	41-50	rot
31-40	blau	21-20	hellbraun	11-20	rosa	0-10	schwarz

20. Baby Creeper Schwein *Fortgeschrittene Multiplik.*

6x15	9x10	3x30	2x49	6x15	44x2	32x3	6x15	30x3	47x2	30x3	4x22	32x3	9x10	3x30	5x20	10x9	4x25
	20x5	10x9	6x15					10x9	25x4	15x6		10x9	44x2				
6x15	10x10	2x49			3x25	4x11	6x12	39x2	32x2	2x21	25x3	39x2					30x3
9x10					4x20	3x25	3x15	20x4	25x3	2x22	4x17	4x20	10x9			49x2	15x6
30x3	10x9	9x10	47x2	30x3	2x10		3x25	12x6	11x4	20x4		7x2	4x25	5x20	10x10	49x2	9x10
44x2	2x49	15x6	20x5	10x9	3x6		6x12	2x39	6x12	2x32		2x9	47x2	30x3	2x45	10x10	4x22
4x22	6x15	9x10	3x30	5x20	39x2	3x25	2x2	3x3	4x4	5x1	25x3	2x39	20x5	10x9	22x4	48x2	10x10
20x5	44x2	33x3	6x15	30x3	2x32	6x12	2x4			5x3	12x6	2x32	3x30	5x20	10x10	10x9	6x15
5x20	6x15	10x10	2x49	15x6	12x6	22x2	25x3	39x2	32x2	2x32	7x11	25x3	6x15	30x3	20x5	6x15	10x9
25x4	2x49	6x15	6x15	9x10	2x32	39x2	4x17	20x4	11x7	12x6	32x2	15x3	30x3	10x9	50x2	15x6	4x22
10x10	33x3	10x9	44x2	4x22	5x11	10x6	6x5	2x12	11x2	2x12	26x2	4x15	9x10	47x2	30x3	2x49	2x44
2x45	4x22	3x33	6x15	10x10	15x4	2x28				5x5	2x30	28x2	15x6	20x5	10x9	6x15	9x10
22x4	20x5	2x44	2x49	6x15	28x2	11x5	5x5	5x7	18x2	3x10	5x12	10x5	9x10	3x30	5x20	44x2	22x4
10x10	10x9	4x25	33x3	10x9	2x18	5x11			7x5	2x12	2x28	3x15	4x22	6x15	30x3	6x15	10x10
9x10	47x2	30x3	4x22	4x22	10x6	5x12	8x5	20x2	2x18	12x2	15x4	28x2	6x15	9x10	3x30	2x49	6x15
15x6	20x5	10x9	20x5	2x44	28x2	6x10			7x5	11x2	28x2	11x5	44x2	4x22	6x15	44x2	10x9
9x10	3x30	5x20	10x9	4x25	10x6	11x5	5x7	18x2	4x10	2x14	5x8	5x12	6x15	10x10	2x49	32x3	15x6
4x22	6x15	30x3	47x2	30x3	10x4	11x4		3x11	5x5	6x5	11x4	8x5	2x49	6x15	6x15	20x5	2x44
15x6	9x10	3x30	2x49	6x15	2x28	4x12	7x5	11x3	3x10	12x2	2x25	2x18	44x2	10x9	2x44	10x9	4x25
44x2	4x22	6x15	30x3	10x9	48x2	10x10	10x2	6x3	9x2	3x5	6x15	30x3	4x22	3x30	6x15	47x2	30x3
15x6	20x5	10x9	6x15	9x10	10x9	6x15	4x4	2x10	3x4	3x6	2x49	15x6	20x5	2x44	2x49	9x10	3x30

leeres Kästchen = weiß

Schlüssel:

81-100	hellblau	61-80	hellgrau	51-60	rosa	41-50	hellgrün
31-40	dunkelgrün	21-30	dunkelrosa	11-20	schwarz	6-10	dunkelgrau
0-5	grau						

21. Baby Füchslein (aus Tiermod) *Fortgeschrittene Multiplik.*

7x11	5x7	18x2	25x3	2x28	2x39	39x2	5x12	11x7	10x6	12x6	2x39	4x15	25x3	39x2	6x10	7x11	5x15
3x25	8x5	20x2	6x12	26x2	32x2	20x4	28x2	2x39	28x2	3x25	2x32	28x2	4x17	20x4	2x28	10x6	2x32
6x12	20x5	10x4	10x6	39x2	30x3	39x2	15x4	15x5	10x6	26x2	3x25	12x5	39x2	3x25	2x39	2x28	12x6
2x49	42x2	10x10	2x28	10x9	10x9	2x45	2x28	2x32	2x28	2x30	4x17	2x28	4x20	25x3	32x2	11x5	7x11
10x9	6x3	6x15	7x11	4x25	10x2	22x4	26x2	2x28	2x32	5x11	20x4	11x5	15x4	2x39	5x12	4x15	39x2
4x25	15x6	2x49	10x10	9x10	22x4	10x10	11x7	11x5	6x12	12x6	10x6	4x20	2x28	30x2	6x12	28x2	5x11
	3x2	44x2	2x45	15x6	2x4		39x2	5x12	2x39	7x11	28x2	2x30	11x5	25x3	39x2	32x2	5x12
	3x3	4x22	22x4	10x9	2x5		2x32	26x2	32x2	15x4	11x5	2x39	5x12	4x17	20x4	7x11	6x10
30x3	10x9	20x5	10x10	4x25	44x2	4x25	6x15	9x10	47x2	30x3	2x49	25x2	9x10	30x3	10x9	15x5	11x5
10x9	4x25	1x1	3x2	5x2	25x4	15x6	10x9	15x6	20x5	10x9	44x2	2x49	15x6	44x2	2x49	22x4	2x28
4x4	2x7	9x10	5x2	6x15	2x10	6x2	20x5	9x10	3x30	5x20	4x22	6x15	10x9	4x22	6x15	10x10	9x2
10x2	3x6	2x22	2x25	4x12	2x8	9x2	41x2	4x22	6x15	30x3	20x5	44x2	4x25	20x5	44x2	25x3	2x7
25x3	2x20	18x2	2x32	2x28	3x25	9x10	10x10	2x10	6x2	8x2	2x7	2x9	30x3	5x20	6x15	12x6	26x2
3x25	7x5	3x11	12x6	11x5	25x3	20x5	6x15	2x8	9x2	4x4	3x6	3x7	10x2	25x2	2x49	7x11	2x30
7x11	18x2	5x7	2x39	4x15	6x12	42x2	10x9	4x15	2x49	25x4	6x12	2x39	5x20	10x10	44x2	2x39	5x11
3x25	20x2	8x5	32x2	39x2	15x4	30x3	4x22	7x11	44x2	2x49	2x28	2x32	30x3	2x45	4x22	5x15	15x4
12x6	4x10	18x2	5x12	12x6	28x2	5x20	2x44	2x39	4x22	6x15	11x5	25x3	10x9	22x4	20x5	2x32	6x10
12x6	2x18	20x2	25x3	4x15	11x7	10x10	4x25	5x15	20x5	44x2	5x12	4x17	5x20	10x10	10x9	12x6	5x11
10x3	11x4	25x2	5x10	2x22	2x25	15x3	4x12	5x10	11x4	10x5	4x11	5x10	11x4	3x15	12x4	2x12	22x2
2x25	4x12	10x5	3x10	2x12	14x2	25x2	5x10	2x22	2x11	22x2	2x15	11x2	2x21	22x2	2x25	4x11	15x3
12x4	2x21	15x3	5x10	11x4	3x15	12x4	2x21	22x2	2x25	4x11	15x3	2x22	2x25	12x2	14x2	22x2	2x25

leeres Kästchen = weiß

Schlüssel:

81-100	dunkelorange	61-80	hellgrün	51-60	dunkelgrün	41-50	grau
31-40	braun	21-30	dunkelgrau	11-20	hellgrau	0-10	schwarz

22. Baby Villager

Basis Division

28:4	49:7	7:1	49:7	7:1	21:3	28:4	14:2	21:3	7:1	49:7	42:6	28:4	35:5	14:2	7:1	49:7	42:6
42:6	28:4	35:5		49:7	4:1	12:3	20:5	20:5	16:4	12:3	28:7	32:8	7:1	21:3	49:7	7:1	28:4
49:7	7:1	42:6	7:1	28:4	20:5	16:4	24:6	8:2	12:3	40:10	16:4	24:6	49:7	7:1		14:2	49:7
28:4		35:5	14:2	14:2	24:6	12:3	4:1	32:8	28:7	4:1	12:3	8:2	28:4	42:6	28:4	49:7	7:1
49:7	7:1	49:7	7:1	21:3	8:2	28:7	40:10	4:1	12:3	20:5	20:5	40:10	42:6	28:4	14:2	35:5	14:2
7:1	49:7	42:6	28:4	35:5	4:1	14:7	18:9	6:3	2:1	20:10	16:8	16:4	28:4	49:7	7:1	49:7	7:1
14:2	7:1	49:7	7:1	42:6	28:7		12:2	8:2	12:3	30:5		28:7	7:1		14:2	7:1	49:7
35:5	14:2		49:7	28:4	12:3		6:1	40:10	12:3	42:7		40:10	14:2	35:5	14:2	28:4	7:1
49:7	7:1	35:5	14:2	21:3	28:7	32:8	8:2	12:6	14:7	28:7	40:10	12:3	7:1	49:7	7:1	21:3	28:4
35:5	14:2	7:1	49:7	7:1	16:4	24:6	24:24	2:1	6:3	9:9	16:4	32:8	35:5	28:4	35:5		21:3
49:7	7:1	21:3	28:4	14:2	12:3	8:2	16:4	18:9	20:10	8:2	28:7	12:3	49:7	7:1	42:6	28:4	7:1
21:3	49:7	7:1	42:6	12:4	30:10	35:7	24:6	16:4	32:8	4:1	5:1	18:6	24:8	35:5	49:7	14:2	28:4
35:5	35:5	49:7	28:4	9:3	6:2	30:6	40:8	15:3	20:4	5:1	35:7	12:4	12:4	49:7	35:5	49:7	42:6
42:6	49:7	7:1	21:3	3:1	18:6	5:1	35:7	50:10	15:3	50:10	15:3	18:6	24:8	7:1	49:7	28:4	28:4
48:8	24:4	6:1	24:4	21:7	12:4	24:8	9:3	8:8	12:4	6:2	33:11	3:1	18:6	36:6	42:7	24:4	6:1
42:7	6:1	30:5	48:8	30:10	18:6	12:4	6:2	4:4	9:3	12:4	21:7	12:4	30:10	18:3	36:6	48:8	42:7
30:5	42:7	24:4	6:1	15:5	18:6	24:8	12:4	16:16	7:7	18:6	30:10	18:6	6:2	12:2	30:5	18:3	36:6
42:7	6:1	48:8	12:2	48:8	6:1	50:10	40:8	20:4	50:10	35:7	40:8	24:4	18:3	30:5	36:6	42:7	12:2
48:8	24:4	6:1	30:5	12:2	42:7	5:1	35:7	5:1	35:7	50:10	35:7	6:1	48:8	24:4	18:3	48:8	30:5
6:1	42:7	24:4	48:8	6:1	30:5	30:6	40:8	35:7	50:10	20:4	50:10	18:3	42:7	6:1	12:2	36:6	6:1
30:5	12:2	6:1	42:7	12:2	42:7	40:8	15:3	10:2	5:1	15:3	20:4	42:7	30:5	42:7	42:7	30:5	24:4

leeres Kästchen = weiß

Schlüssel:

7	hellblau	6	hellgrün	5	blau	4	rosa
3	dunkelblau	2	dunkelrosa	1	schwarz		

23. Baby Vögelchen

Basis Division

7:1	35:5	14:2	21:3	49:7	7:1	42:6	28:4	35:5	40:10	2:1	6:3	18:9	22:11	10:5	20:10	12:6	24:12
28:4	42:6	28:4	49:7	7:1	35:5	14:2	21:3	42:6	16:4	12:3	22:11	10:5	20:10	2:1	24:12	18:9	12:6
42:6	28:4	14:2	35:5	14:2	7:1	49:7	7:1	28:4	21:3	28:7	24:6	12:3	24:12	6:3	2:1	4:1	12:3
28:4	49:7	7:1	35:5	14:2	21:3	28:4	14:2	21:3	49:7	28:4	8:2	28:7	32:8	40:10	24:6	20:5	16:4
35:5	14:2	7:1	10:10		35:7	15:3	14:2	7:1	28:4	14:2	42:6	28:4	16:4	20:5	8:2	49:7	7:1
28:4	14:2	35:5	5:5	1:1	50:10	30:6	35:5	14:2	49:7	7:1	28:4	42:6	21:3	12:2	28:4	7:1	35:5
14:2	12:6	20:10	35:7	30:6	40:8	10:2	42:6	28:4	7:1	49:7	21:3	49:7	7:1	10:2	5:1	14:2	28:4
7:1	24:12	48:24	40:8	15:3	35:7	35:7	28:4	14:2	14:2	7:1	49:7	7:1	35:7	30:6	42:6	18:3	21:3
35:5	14:2	49:7	50:10	40:8	50:10	30:10	18:6	9:3	3:1	12:4	30:10	40:8	5:1	24:4	18:3	30:5	35:5
7:1	35:5	14:2	21:3	42:6	5:1	9:3						35:7	42:6	6:1	48:8	42:7	7:1
14:2	7:1	49:7	7:1	28:4	30:6	12:4					30:6	50:10	28:4	42:7	6:1	7:1	14:2
28:4	21:3	28:4	14:2	21:3	50:10	35:7	30:6	40:8	15:3	10:2	5:1	40:8	21:3	36:6	28:4	35:5	28:4
49:7	35:5	7:1	28:4	42:6	10:2	5:1	15:3	50:10	40:8	35:7	30:6	30:6	7:1	12:2	21:3	42:6	35:5
28:4	7:1	49:7	21:3	49:7	42:6	28:4	49:7	22:11	49:7	10:5	7:1	28:4	14:2	30:5	49:7	7:1	49:7
8:2	36:6	40:10	12:2	12:3	12:2	48:8	30:5	2:1	6:1	20:10	30:5	42:7	24:4	6:1	12:2	36:6	42:7
36:6	48:8	12:2	36:6	42:7	30:5	12:2	18:9	24:12	48:24	6:3	42:7	6:1	48:8	12:2	42:7	24:4	6:1
24:4	24:6	20:5	12:2	36:6	48:8	12:2	18:3	30:5	12:2	36:6	42:7	24:4	6:1	42:7	36:6	48:8	42.7
4:1	18:3	48:8	6:1	16:4	42:7	24:4	6:1	12:2	36:6	42:7	24:4	18:3	30:5	12:2	30:5	18:3	36:6
12:2	28:7	42:7	12:2	24:4	18:3	30:5	12:2	36:6	42:7	24:4	6:1	48:8	42:7	24:4	36:6	42:7	12:2
48:8	30:5	12:2	36:6	6:1	42:7	24:4	6:1	12:2	18:3	36:6	42:7	30:5	24:4	42:7	18:3	48:8	30:5
12:2	36:6	42:7	30:5	24:4	18:3	30:5	12:2	36:6	36:6	48:8	12:2	36:6	42:7	18:3	12:2	36:6	6:1

leeres Kästchen = weiß

Schlüssel:

7	hellblau	6	hellgrün	5	hellbraun	4	pink
3	braun	2	orange	1	schwarz		

24. Baby Enderman *Basis Division*

36:6	42:7	12:2	36:6	6:1	5:1	15:3	50:10	4:1	12:3	8:2	28:7	20:4	5:1	6:1	42:7	48:8	12:2
6:1	9:3	42:7	30:5	24:4	50:10	35:7	30:6	20:5	16:4	32:8	40:10	15:3	50:10	18:3	30:5	60:20	33:11
12:2	36:6	12:2	36:6	42:7	20:4	50:10	35:7	24:6	12:3	16:4	20:5	35:7	30:6	6:1	12:2	42:7	24:4
42:7	24:4	15:3	18:6	36:6	8:2		90:45		28:7		60:30		40:8	12:2	9:3	18:3	30:5
36:6	48:8	42:7	6:1	30:5	35:7		44:22		16:4		36:18		8:2	24:4	6:1	42:7	24:4
30:5	18:3	30:5	42:7	24:4	20:4		4:2		5:1		34:34		30:6	42:7	24:4	6:1	42:7
48:8	3:1	33:11	6:1	48:8	30:6	16:4	20:4	50:10	35:7	20:5	12:3	5:1	15:3	6:1	45:15	15:3	90:30
36:6	42:7	18:3	30:5	12:2	28:7	24:6	15:3	32:8	75:15	24:6	16:4	50:10	35:7	30:5	42:7	24:4	6:1
18:3	48:8	12:2	90:30	42:7	12:3	8:2	20:5	16:4	28:7	12:3	32:8	20:5	24:6	42:7	6:1	48:8	12:2
12:2	36:6	12:2	18:3	48:8	30:5	5:1	40:8	15:3	10:2	4:1	30:6	24:6	12:2	93:30	3:1	6:1	30:5
7:1	35:5	14:2	21:3	49:7	7:1	35:7	32:8	20:4	20:5	20:5	35:7	12:3	21:3	49:7	7:1	42:6	28:4
28:4	42:6	28:4	49:7	7:1	35:5	20:4	5:1	8:2	30:6	24:6	50:10	28:7	49:7	7:1	35:5	14:2	21:3
42:6	28:4	14:2	21:3	14:2	7:1	20:5	15:3	50:10	40:8	35:7	30:6	40:10	14:2	42:6	14:2	49:7	7:1
28:4	49:7	7:1	35:5	49:7	21:3	30:6	16:4	20:5	30:6	28:7	40:8	15:3	7:1	35:5	42:6	28:4	14:2
21:3	7:1	49:7	42:6	28:4	35:5	35:7	35:5	50:10	42:6	40:10	49:7	50:10	49:7	42:6	28:4	14:2	7:1
35:5	14:2	7:1	49:7	7:1	42:6	50:10	42:6	15:3	14:2	16:4	7:1	20:5	21:3	7:1	42:6	28:4	49:7
14:2	21:3	49:7	7:1	42:6	28:4	32:8	49:7	24:6	49:7	35:7	14:2	35:7	7:1	42:6	28:4	42:6	28:4
49:7	28:4	14:2	14:2	7:1	35;5	40:8	7:1	12:3	28:4	50:10	21:3	10:2	21:3	49:7	35:5	14:2	14:2
7:1	49:7	7:1	35:5	14:2	21:3	49:7	7:1	28:7	14:2	40:8	7:1	42:6	49:7	7:1	42:6	28:4	7:1
14:2	7:1	49:7	42:6	28:4	7:1	42:6	28:4	15:3	28:4	4:1	35:5	14:2	21:3	14:2	28:4	42:6	49:7
21:3	14:2	7:1	28:4	14:2	49:7	14:2	42:6	35:7	42:6	15:3	42:6	28:4	35:5	7:1	21:3	49:7	28:4

leeres Kästchen = weiß

Schlüssel:

7	gelb	6	rot	5	dunkelgrau	4	schwarz
3	hellrot	1, 2	lila				

25. Baby Paradiesvögelchen (aus Tiermod) *Basis Division*

49:7	7:1	35:5	14:2	49:7	7:1	21:3	36:6	28:4	49:7	7:1	49:7	7:1	21:3	28:4	14:2	21:3	7:1
35:5	14:2	7:1	49:7	28:4	35:5	49:7	21:3	48:8	35:5	42:6	28:4	35:5	14:2	7:1	49:7	42:6	28:4
49:7	7:1	21:3	28:4	7:1	42:6	28:4	35:5	21:3	42:7	6:1	48:8	12:2	30:5	6:1	48:8	24:4	14:2
21:3	49:7	7:1	42:6	35:5	49:7	14:2	42:6	6:1	30:5	24:4	6:1	30:5	12:2	42:7	12:2	6:1	7:1
35:5	35:5	49:7	28:4	49:7	35:5	49:7	48:8	7:1	6:1			33:33	6:1	30:5	18:3	42:7	14:2
42:6	49:7	7:1	21:3	7:1	49:7	28:4	35:5	49:7	48:8			8:8	36:6	42:7	6:1	12:3	49:7
49:7	12:2	3:1	6:1	9:3	35:5	49:7	14:2	28:4	30:5			15:15	18:3	48:8	28:7	4:1	7:1
7:1	30:10	48:8	15:5	42:7	49:7	35:5	49:7	42:6	24:4			21:21	12:2	12:3	40:10	16:4	35:5
14:2	30:5	12:4	36:6	33:11	7:1	49:7	28:4	28:4	42:7	36:6	24:4	6:1	30:5	28:7	4:1	12:3	42:6
21:3	18:6	6:1	48:8	24:4	18:3	48:8	30:5	12:2	36:6	18:3	48:8	42:7	24:6	12:3	20:5	28:7	49:7
35:5	24:4	18:3	42:7	6:1	12:2	36:6	6:1	48:8	30:5	12:2	18:3	36:6	40:10	16:4	24:6	12:3	35:5
42:6	35:5	14:2	48:8	30:5	4:1	40:10	28:7	20:5	36:6	30:5	42:7	12:2	49:7	7:1	49:7	7:1	21:3
28:4	7:1	49:7	30:5	12:2	6:1	42:7	12:2	42:7	18:3	24:4	48:8	30:5	7:1	49:7	42:6	28:4	35:5
21:3	21:3	28:4	42:6	30:5	36:6	12:3	24:6	48:8	12:2	6:1	36:6	6:1	14:2	7:1	49:7	7:1	42:6
10:2	30:6	50:10	20:4	48:8	6:1	36:6	30:5	42:7	24:4	48:8	12:2	42:7	30:6	40:8	15:3	20:4	5:1
40:8	20:4	15:3	5:1	20:4	5:1	35:7	9:3	30:10	20:4	40:8	50:10	40:8	35:7	50:10	10:2	5:1	15:3
21:3	14:2	42:6	50:10	15:3	50:10	15:3	36:6	24:4	5:1	35:7	5:1	35:7	50:10	35:7	14:2	7:1	49:7
7:1	28:4	49:7	30:6	40:8	15:3	20:4	18:6	12:4	40:8	10:2	30:6	50:10	20:4	50:10	35:5	49:7	14:2
35:7	5:1	35:7	5:1	35:7	50:10	15:3	42:7	6:1	10:2	15:3	40:8	20:4	15:3	5:1	10:2	15:3	50:10
10:2	20:4	15:3	12:6	14:7	2:1	6:3	15:5	3:1	8:4	30:15	4:2	22:11	18:9	2:1	6:3	40:8	15:3
30:6	40:8	4:2	22:11	18:9	30:15	40:20	12:3	28:7	4:2	2:1	22:11	6:3	30:15	14:7	20:4	15:3	5:1

leeres Kästchen = weiß

Schlüssel:

7	grün	6	gelb	5	hellbraun	4	orange
3	rot	2	blau	1	schwarz		

26. Baby Fledermaus *Fortgeschrittene Division*

63:7	100:10	36:4	45:5	81:9	30:3	72:8	10:1	18:2	36:4	81:9	90:9	60:6	72:8	63:7	60:6	100:10	90:9
90:9	54:6	54:6	63:7	18:2	15:5	45:15	36:12	30:3	63:7	33:11	90:30	45:15	20:2	18:2	30:3	72:8	10:1
10:1	36:4	60:6	54:27	81:9	33:11	72:9	90:30	45:5	90:9	45.15	8:1	12:4	9:1	45:5	36:4	30:3	63:7
50:5	9:1	54:6	60:6	18:2	36:12	21:3	45:15	50:5	10:1	90:30	24:3	60:20	63:7	18:2	9:1	45:5	90:9
36:4	45:5	27:3	30:3	81:9	90:30	72:9	70:10	5:1	75:15	70:10	8:1	9:3	18:2	81:9	60:6	50:5	10:1
63:7	4:2	72:8	36:4	72:8	27:3		5:5	21:3	24:3	14:7		60:6	50:5	36:18	18:2	54:6	18:2
90:9	36:4	50:5	9:1	54:6	30:3		30:15	42:6	21:3	16:8		63:7	60:6	100:10	90:9	36:4	81:9
25:5	40:8	36:4	45:5	27:3	45:5		18:9	70:10	8:1	44:22		18:2	30:3	72:8	10:1	5:1	75:15
24:6	64:8	100:20	75:15	36:4	63:7	8:1	35:5	21:3	7:1	72:9	70:10	72:8	9:1	12:2	25:5	70:10	35:9
20:5	40:10	49:7	70:10	20:4	15:3	24:3	45:15	2:1	50:25	33:11	35:5	100:20	75:15	8:1	35:5	16:4	20:5
8:2	35:5	32:8	4:1	8:1	35:5	90:15	18:3	20:4	15:3	25:5	40:8	70:10	24:3	16:4	20:5	35:5	28:7
40:10	72:9	56:8	72:9	16:4	20:5	10:2	50:10	15:3	18:3	20:4	15:3	32:8	4:1	42:6	21:3	64:8	32:8
72:9	8:2	70:10	24:3	72:9	42:6	12:2	25:5	40:8	50:10	15:3	5:1	21:3	24:3	49:7	70:10	16:4	24:3
8:1	35:5	24:6	64:8	49:7	70:10	90:15	18:3	20:4	15:3	25:5	20:4	8:1	35:5	56:8	35:9	8:1	35:5
49:7	70:10	35:9	8:1	35:5	21:3	18:3	5:1	75:15	100:20	75:15	100:20	7:1	72:9	70:10	20:5	28:4	21:3
5:1	75:15	64:8	16:4	64:8	49:7	20:4	15:3	25:5	15:3	25:5	40:8	49:7	70:10	8:2	21:3	12:2	25:5
9:1	18:2	25:5	40:8	72:9	40:8	72:8	45:5	5:1	75:15	30:3	72:8	100:20	24:3	20:4	15:3	90:9	36:4
63:7	100:10	36:4	81:9	100:20	81:9	63:7	15:3	90:15	25:5	12:2	100:10	36:4	40:8	81:9	60:6	50:5	10:1
63:7	81:9	30:3	54:6	10:1	100:10	60:6	5:1	60:6	100:10	90:15	90:9	40:4	54:6	18:2	72:8	9:1	100:10
9:1	18:2	27:3	72:8	10:1	18:2	36:4	81:9	90:9	60:6	27:3	60:6	81:9	63:7	100:10	36:4	81:9	54:6
72:8	45:5	36:4	30:3	63:7	81:9	30:3	54:6	10:1	100:10	60:6	36:4	63:7	60:6	54:6	90:9	36:4	9:1

leeres Kästchen = weiß

Schlüssel:

9, 10	hellblau
7, 8	braun
5, 6	dunkelbraun
4	hellbraun
3	grau
1, 2	schwarz

27. Baby Pinguin (aus Tiermod) *Fortgeschrittene Division*

45:5	20:2		54:6	30:3	72:8	63:7	9:1	45:5	20:2		45:5	20:2	63:7	36:4	100:10	72:8	60:6
18:2	50:5	9:1	54:6	30:3	50:10	15:3	5:1	75:15	100:20	18:3	5:1	75:15	18:2	9:1	72:8		36:4
81:9	36:4	60:6	27:3	45:5	90:15	18:3	20:4	15:3	25:5	40:8	12:2	25:5	81:9	60:6	50:5	72:8	36:4
36:4		72:8	63:7	9:1			18:3	35:7	60:10	6:1			54:6	100:10	36:4	20:2	9:1
18:2	90:9	54:6	54:6	100:10		75:15		24:4	40:8		36:6		60:6	72:8	9:1	50:5	60:6
81:9	10:1	36:4	60:6	72:8		25:5		8:2	44:11		24:4		45:5	20:2	18:2	36:4	100:10
9:1	54:6	18:2	30:3	81:9	70:10	8:1	100:25	80:20	24:6	16:4	56:8	63:7	36:4		9:1	63:7	72:8
60:6	27:3	36:4		54:6	40:5	28:4	100:20	18:3	20:4	50:10	49:7	7:1	30:3	72:8	45:5	18:2	90:9
72:8	63:7	60:6	100:10	90:9	72:9	42:6	75:15	32:16	44:22	25:5	28:4	64:8	45:5	20:2	81:9	81:9	10:1
20:2	18:2	30:3	72:8	10:1	50:5	40:8	21:3	7:1	72:9	70:10	75:15		18:2	50:5		45:5	20:2
60:6	81:9	36:4	63:7	50:5	18:3	20:4	72:9	42:6	21:3	42:6	25:5	5:1	81:9	36:4	72:8	60:6	
36:4		81:9	90:9	5:1	40:8	72:8	24:3	49:7	70:10	8:1	50:5	20:4	24:4	63:7	36:4	100:10	50:5
18:2	50:5	54:6	10:1	20:4	24:4	20:2	35:5			35:5	36:4	40:8	18:3	18:2	9:1	72:8	36:4
81:9	36:4		81:9	18:3	100:20	50:5	49:7			8:1	100:10	18:3	75:15	81:9	60:6	50:5	9:1
60:6	100:10	63:7	54:6	75:15	18:3	36:4	70:10			56:8	72:8	10:2	25:5	54:6		36:4	60:6
		45:5	27:3	25:5	15:3	63:7	24:3			49:7	50:5	5:1	18:3	60:6	72:8	9:1	100:10
		30:3	60:6	18:3	20:4	18:2	21:3			28:4	36:4	75:15	25:5	36:4	60:6	81:9	
		18:2	72:8	5:1	40:8	81:9	72:9			70:10	9:1	25:5	18:3	30:3	72:8	54:6	
			36:4	25:5	50:5	54:6	40:5	7:1	72:9	8:1	60:6	50:5	20:4				
			60:6	72:8	9:1	72:8	7:1	42:6	21:3	35:5	100:10	72:8	60:6				
						18:6	60:20	66:22	6:2	90:30	45:15						

leeres Kästchen = weiß

Schlüssel:

- 9, 10 hellblau
- 7, 8 hellgrau
- 5, 6 schwarz
- 4 dunkelgrau
- 3 orange
- 1, 2 rot

28. Baby Fischlein (aus Tiermod) *Fortgeschrittene Division*

20:2	63:7	40:8	36:4	81:9	90:15	18:2	90:9	54:6	54:6	54:6	10:1	75:15	36:4	81:9	36:4	54:6	30:3
9:1	25:5	63:7	54:6	100:10	40:8	81:9	10:1	36:4	60:6	33:11	60:20	20:4	9:1	54:6	18:3	27:3	45:5
63:7	90:15	24:6	35:9	32:8	20:5	80:20	28:7	24:6	35:9	45.15	9:3	72:8	40:8	10:1	75:15	100:10	90:9
18:2	10:2	20:5			8:2	16:4	32:8	35:9	20:5	15:5	9:1	90:9	18:3	9:1	25:5	72:8	10:1
81:9	40:8	24:6	26:26		35:9	36:12	15:5	24:6	28:7	90:30	60:6	10:2	36:4	30:3	63:7	20:4	63:7
18:3	81:9	35:9	24:6	35:9	20:5	12:4	8:2	35:9	32:8	36:12	15:5	54:6	9:1	45:5	90:9	100:20	18:2
50:10	18:2	90:9	36:4	15:3	36:4	81:9	90:9	60:6	27:3	90:30	33:11	36:4	60:6	50:5	10:1	40:8	81:9
30:3	40:8	10:1	18:2	18:3	30:3	54:6	10:1	100:10	60:6	36:4	90:15	30:3	27:3	45:5	2:1	90:45	54:6
36:4	18:3	63:7	81:9	10:1	15:3	36:4	90:30	33:11	60:20	12:4	45:15	36:12	15:5	90:30	8:4	100:50	36:4
70:10	10:2	7:1	24:34	75:15	64:8	49:7	18:6			60:20	12:4	90:30	33:11	15:5	16:8	7:1	5:1
35:5	75:15	42:6	45:15	36:12	75:15	8:1	36:12	13:13		36:12	44:22	16:8	12:4	60:20	20:10	64:8	20:4
21:3	20:4	100:20	35:5	72:9	25:5	28:4	30:10	36:12	60:20	12:4	66:33	18:6	45.15	9:3	14:7	2:1	40:8
12:4	60:20	40:8	70:10	8:1	18:3	36:12	35:5	24:3	42:6	21:3	8:1	21:3	42:6	21:3	36:18	10:5	18:3
72:9	42:6	21:3	35:5	24:3	24:3	40:5	21:3	8:1	30:10	36:12	75:15	7:1	72:9	42:6	21:3	7:1	10:2
24:3	36:12	20:4	21:3	8:1	28:7	35:9	49:7	24:3	70:10	24:3	49:7	64:8	49:7	70:10	90:30	25:5	21:3
21:3	8:1	15:3	49:7	24:3	32:8	20:5	70:35	36:18	22:11	44:22	14:7	46:23	16:8	8:4	8:1	90:15	7:1
40:5	28:4	30:10	15:3	8:1	64:8	28:7	90:45	46:23	16:8	66:33	22:11		5:5	16:8	72:9	10:2	72:9
7:1	72:9	72:9	40:8	24:3	8:1	32:8	100:50	70:35	35:9	20:5	36:18			20:10	8:1	64:8	24:3
42:6	21:3	21:3	90:15	72:9	24:6	8:2	2:1	90:45	20:10	8:2	46:23	36:18	22:11	14:7	24:3	12:4	60:20
8:1	36:12	15:5	24:3	42:6	35:9	40:10	21:3	7:1	72:9	70:10	5:1	75:15	49:7	70:10	8:1	40:5	28:4
42:6	49:7	24:3	72:9	24:3	72:9	70:10	72:9	42:6	21:3	42:6	21:3	24:3	60:20	12:4	24:3	24:3	40:5

leeres Kästchen = weiß

Schlüssel:

9, 10	blau	7, 8	braun	5, 6	grün	4	gelb
3	orange	2	lila	1	schwarz		

29. Baby Ozelot *Gemischt*

30-11	21-10	3x5	2x9	33:3	2x10	3x6	90-75	3x11	9+9	21-10	3x5	3x6	90-75	8+6	75:5	9+9	60-41
11+5	3x6	90-75	8+6	75:5	9+9	21-10	3x5	51-9	2x9	33:3	99-87	11+5	3x6	21-10	3x5	33-19	33:3
99-20	39x2	80-1	12x6	57+22	88-8	45+21	5x15	4x11	44+23	11x7	2x32	10x6	13+51	11x7	4x20	60+12	3x25
12+60	4x15	12x6	57+22	45+21	15+16	20x2	39x2	50-20	32x2	80-1	60-26	18x2	12+60	30+30	17x4	10x6	11x7
11x5	55+4	12x6	58+19	17x4	93:3	11x3	57+22	13+33	2x39	15x4	12x3	3x11	5x12	28x2	44+23	87-31	80-1
6x12	27+27	10x6	99-20	30+12	2x21	3x11	5x7	8x5	15+16	12x3	7x5	13+33	2x22	80-20	32x2	6x10	87-31
43+9	10x6	4+55	80-1	99-56	5x10	64:8	33:3	7x5	93:3	3+7	2x10	51-9	11x4	80-25	5x12	34+21	5+55
30x2	90-36	2x30	34+21	80:2	20x2	49:7	75:5	5x7	3x12	36:6	9+9	6+31	60-26	10x6	76-25	4x15	10x6
23+33	26x2	30+30	4x15	50-15	11x3	36:4	40:5	2x18	6+31	81:9	64:8	20x2	12x3	87-31	2x30	55+4	23+33
5x12	11+44	28x2	55+4	87-40	2x22	50-27	46:2	20:4	25:5	3x9	2x12	63-21	51-9	12+41	30+30	80-25	5x12
76-25	6x10	5x11	80-25	2x25	15x3	50:2	50-20	27-25	1+1	40-15	11+13	25x2	45+5	27+27	10x6	10x6	76-25
39x2	12x6	57+22	45+21	8x5	5x7	44:2	3x9	2x12	6x5	3x10	69:3	93:3	20x2	80-1	17x4	60+12	40:5
57+22	6x12	58+19	17x4	7x5	2x18	9x3	3x10	48:2	3x8	44:2	13+11	3x12	11x3	4x20	5x15	17x4	64-3
4x20	60+12	3x25	99-20	39x2	80-0	3x15	2x18	6+31	12x3	3x11	45+5	80-1	12x6	57+22	40:5	45+21	5x15
49:7	5x15	41+21	17x4	57+22	11x7	8x5	11x3	17x4	45+21	80-45	50-16	11x7	64-3	15x5	88-22	39x2	88-9
11x7	40:5	45+21	5x15	70-9	2x32	7x5	21x2	44+23	17x4	51-9	20x2	2x32	88-22	44+23	12x6	58+19	7x11
39x2	2x32	4x17	17x4	64-3	17x4	60-27	5x8	32x2	60:6	20+16	11x3	17x4	44+23	12x6	58+19	12x6	57+22
64-3	17x4	64-3	58+19	60:6	64:8	20+25	3x16	99-20	88-22	51-9	22x2	57+22	2x32	69-7	6x12	39x2	88-9
88-22	44+23	11x7	80-1	64:8	4+6	5x10	11x4	39x2	99-20	100-69	15x3	4+6	17x4	64-3	80-1	57+22	17x4
12x6	32x2	80-1	99-20	49:7	64-3	22x2	3x12	57+22	17x4	93:3	5x7	64-3	44+23	11x7	32x2	45+21	60:6
74-8	99-20	4x20	39x2	61+1	40:5	44+6	2x25	45+21	5x15	5x10	11x4	40:5	88-9	2x32	39x2	17x4	88-22

leeres Kästchen = weiß

Schlüssel:

1-5	schwarz	6-10	blau	11-20	hellblau	21-30	hellbraun
31-40	orange	41-50	dunkelorange	51-60	dunkelbraun	61-80	grün

30. Baby Creeper *Gemischt*

5x11	80-25	2x30	34+21	4x11	34+8	2x25	47+3	12x4	53-8	51-9	30+12	29x2	69-18	2x28	23+33	55+5	76-25
27+27	10x6	30+30	4x15	2x21	15+16	30-11	2x25	15x3	21-10	80:2	99-56	50+1	10x6	80-20	5x12	81:9	5+55
15x4	87-31	28x2	55+4	5x10	93:3	11+5	5x10	22x2	3x6	50-15	87-40	12x5	16+40	15x4	76-25	50:10	10x6
11x7	69-18	40:5	10x6	2x22	3x12	80:2	23+23	51-9	16+17	60-26	2x25	26x2	62-7	5x11	5+55	6x10	87-31
80-1	10x6	20:4	90-36	15x3	15x3	42+5	51-9	45+5	87-42	22x2	63-21	11+44	2x30	43+9	10x6	34+21	5+55
4x20	16+40	10x6	26x2	51-9	51-9	93:3	6x5	44:2	2x20	15x3	3x12	17x4	64-3	3+7	28x2	4x15	10x6
88-9	62-7	17x4	11+44	32-1	45+5	21-10	33:3	2x10	5x3	11x4	2x25	44+23	11x7	36:6	5x11	55+4	23+33
17x4	2x30	76-25	6x10	51-9	11+37	18x2	75:5	9+9	50-17	12x4	3x9	32x2	80-1	23-19	27+27	80-25	5x12
5x12	64-3	36:4	34+21	3x10	69:3	23+25	6+31	12x3	12x4	4x11	20x2	99-20	4x20	10x6	15x4	10x6	76-25
76-25	11x7	27+27	4x15	50+1	51-3	51-9	11x4	2x25	15x3	10+34	69-18	39x2	88-9	90-36	2x30	17x4	64-3
2x30	4+6	15x4	55+4	12x5	74:2	45+5	2x25	63-21	51-9	45-2	10x6	57+22	17x4	26x2	60:6	44+23	11x7
30+30	3x3	2x30	80-25	26x2	11+37	50-15	4x12	3x15	2x12	60:2	16+40	23+33	5x12	11+44	10x6	32x2	80-1
28x2	30:6	64-3	10x6	11+44	53-8	60-26	5x10	18x2	11x3	22x2	2x28	5x12	76-25	6x10	87-31	99-20	4x20
5x11	2X2	11x7	87-31	17x4	44+6	11+37	13+33	3x15	99-56	5x10	80-20	64:8	2x30	34+21	5+55	39x2	88-9
27+27	5+55	80-1	87-31	44+23	2x25	50:2	19+15	2x22	87-40	2x22	15x4	49:7	30+30	4x15	10x6	57+22	17x4
15x4	10x6	30x2	4x15	32x2	63-21	44+6	2x25	15x3	5x10	15+19	5x11	20:4	28x2	55+4	23+33	2x5	76-25
2x30	55+4	12x5	55+4	99-20	20x2	2x18	5x10	2x20	48:2	3x8	43+9	27-25	5x11	80-25	10x6	64:8	5+55
64-3	80-25	26x2	80-25	10x5	49-4	44+6	45+5	2x25	63-21	51-9	4x12	34+21	27+27	10x6	16+40	34-29	10x6
11x7	76-25	64:8	10x6	15x3	5x10	11x4	12x4	49-4	25x2	45+5	25x2	4x15	15x4	87-31	2x28	87-31	69-18
80-1	5+55	9-7	17x4	90-75	44+4	8+6	4x11	10x5	3x5	63-22	2x9	15x4	87-31	28x2	55+4	5+55	10x6
30x2	10x6	2x26	44+23	17x4	57+22	11x7	64-3	32x2	61+1	17x4	44+23	12x6	58+19	12x6	57+22	10x6	16+40

leeres Kästchen = weiß

Schlüssel:

1-5	orange
6-10	gelb
11-20	schwarz
21-30	hellgrün
31-40	dunkelgrün
41-50	grün
51-60	hellbraun

1. Baby Zombie

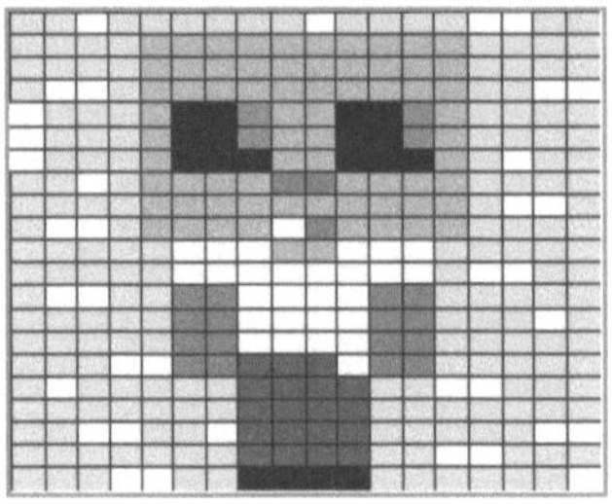

2. Baby Häschen

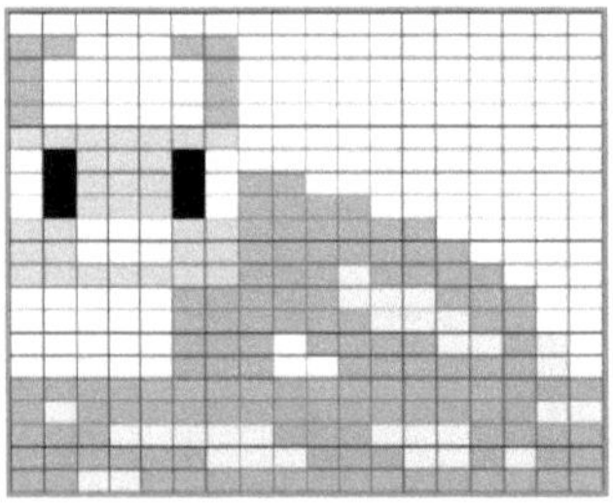

3. Baby Enderdragon

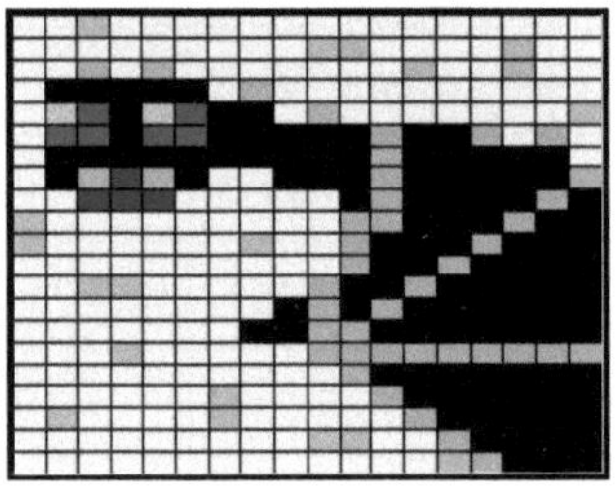

4. Baby Kuh

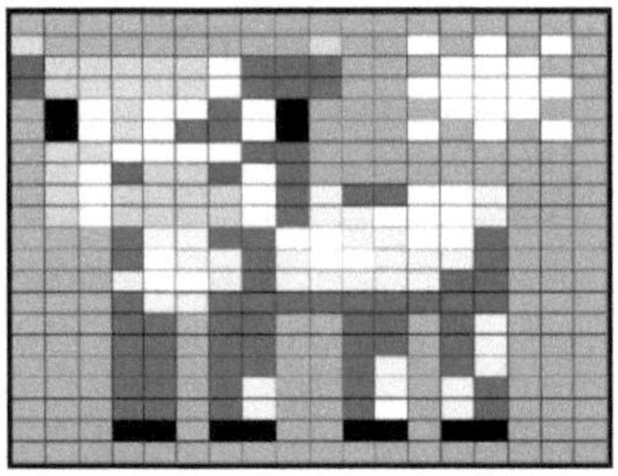

5. Baby Küken

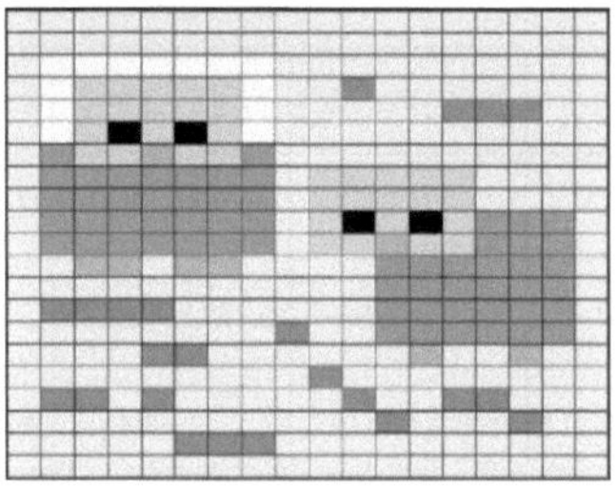

6. Baby Ghast

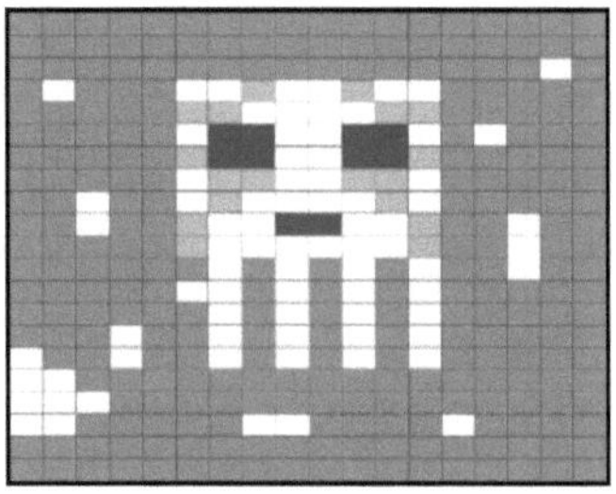

7. Baby Pferdchen

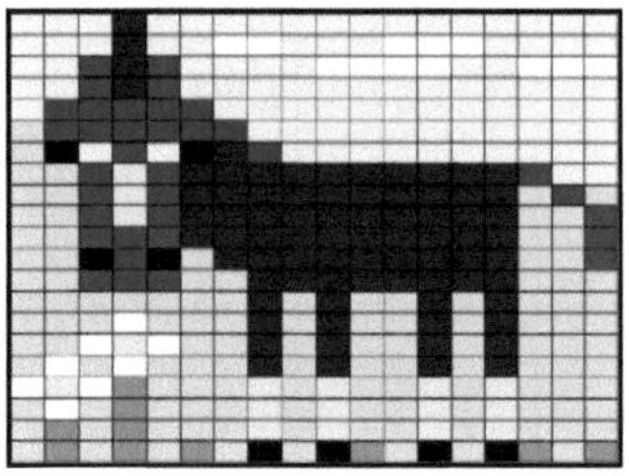

8. Baby Schäfchen

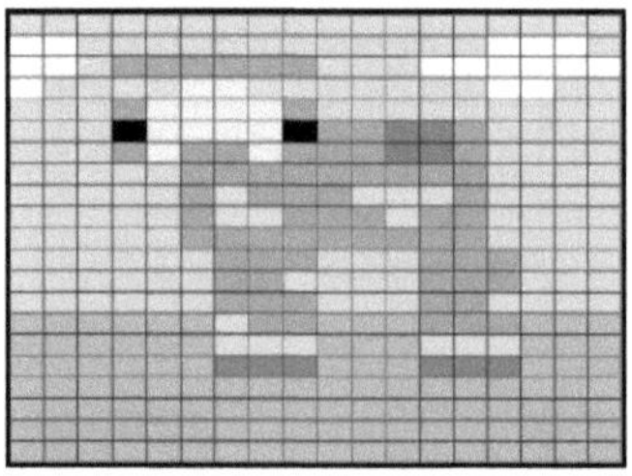

9. Baby Schweinchen

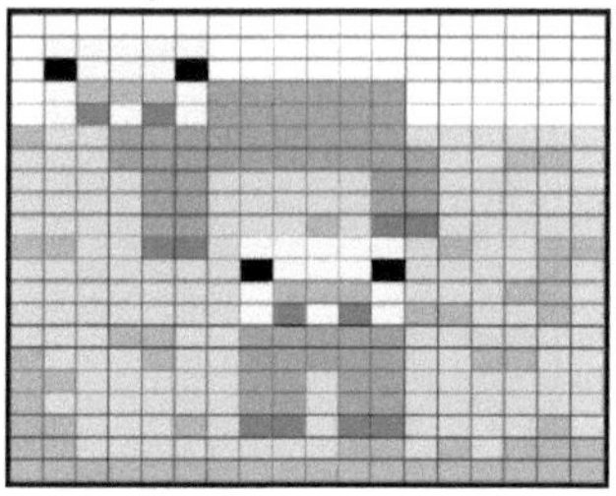

10. Baby Wolf

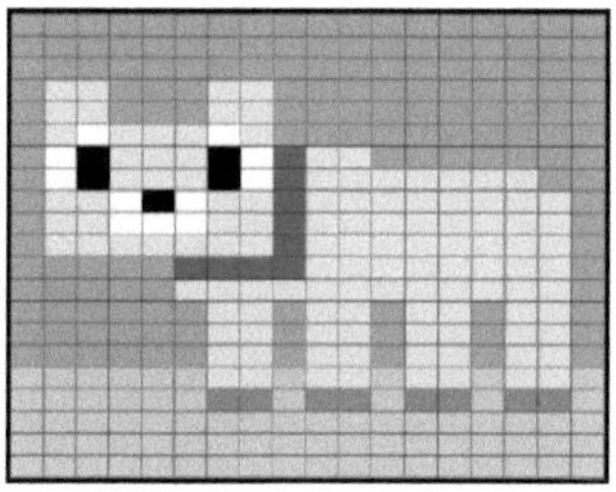

11. Baby Steve

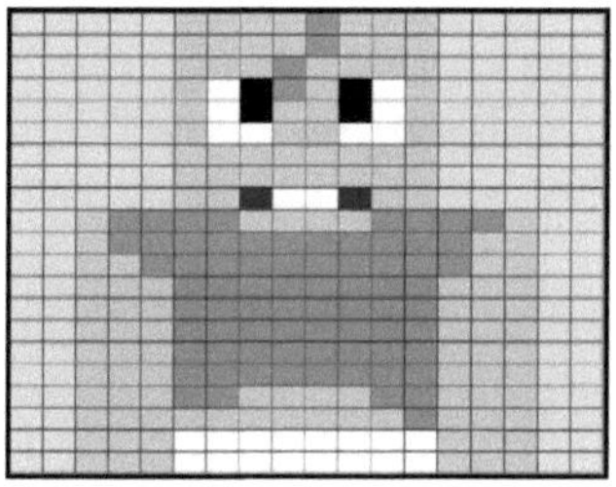

12. Baby Rehlein

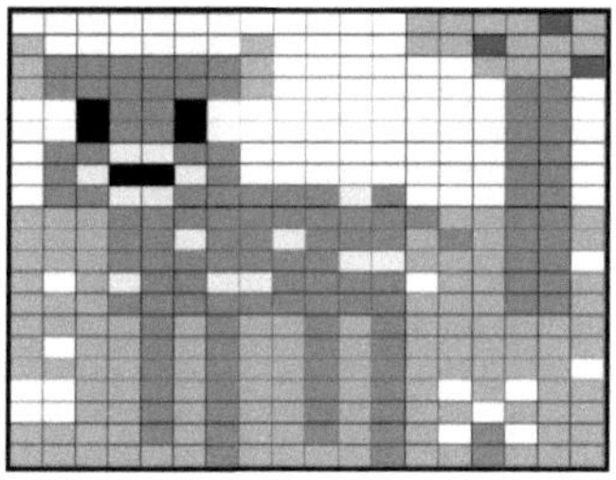

13. Baby Pilzkuh

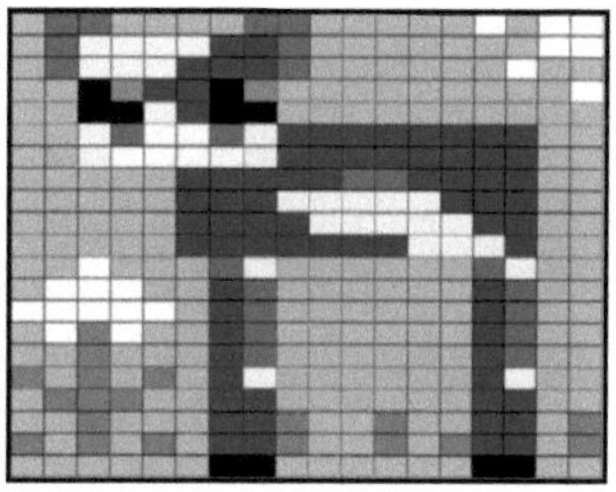

14. Baby Zieglein

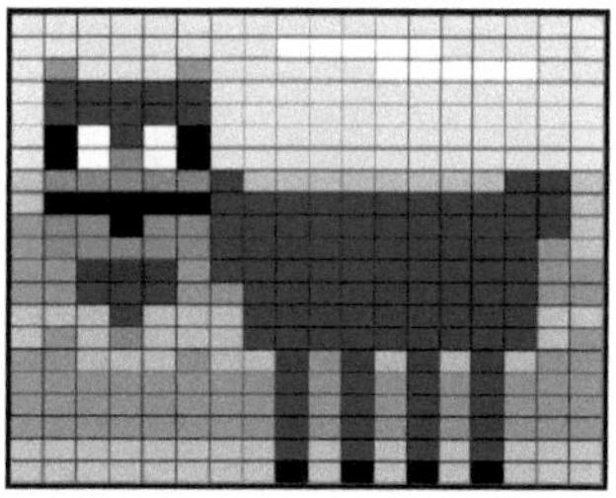

15. Baby Kätzchen

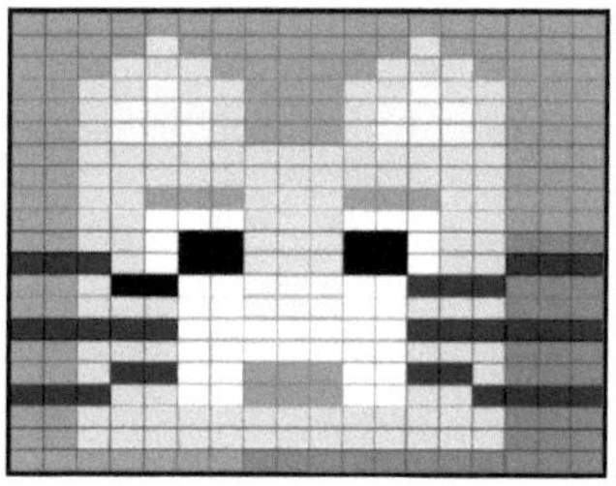

16. Baby Entlein

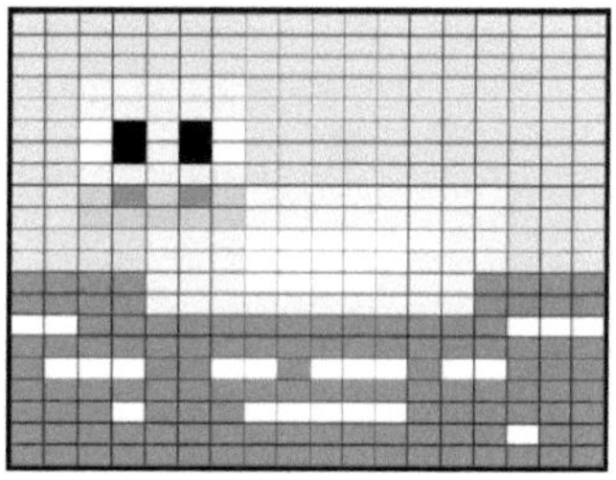

17. Baby Äffchen

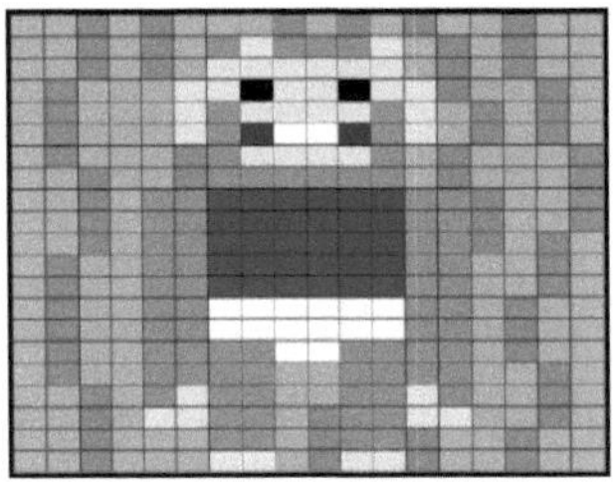

18. Baby Eule

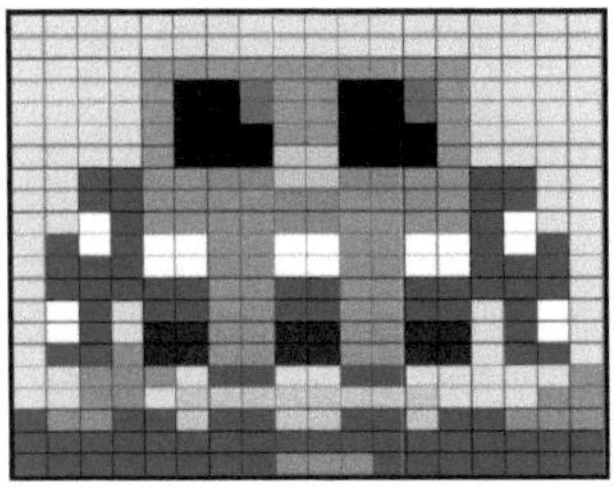

19. Baby Hündchen

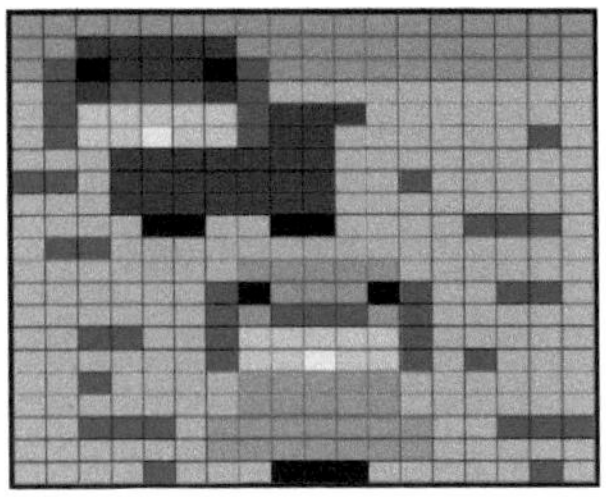

20. Baby Creeper Schwein

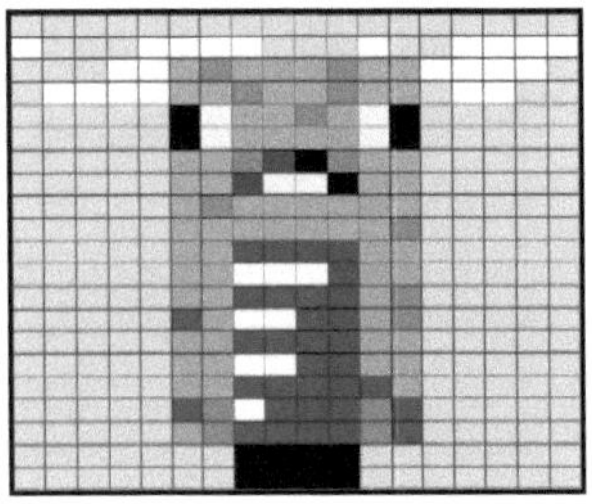

21. Baby Füchslein

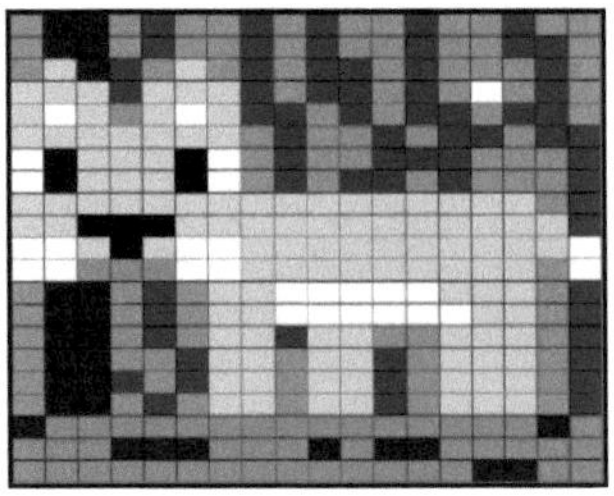

22. Baby Villager

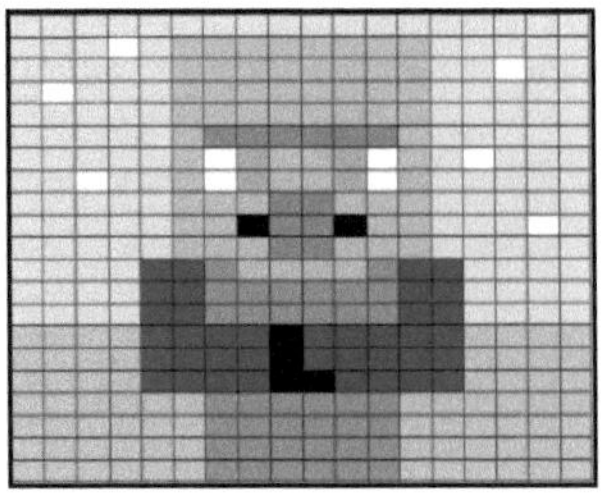

23. Baby Vögelchen

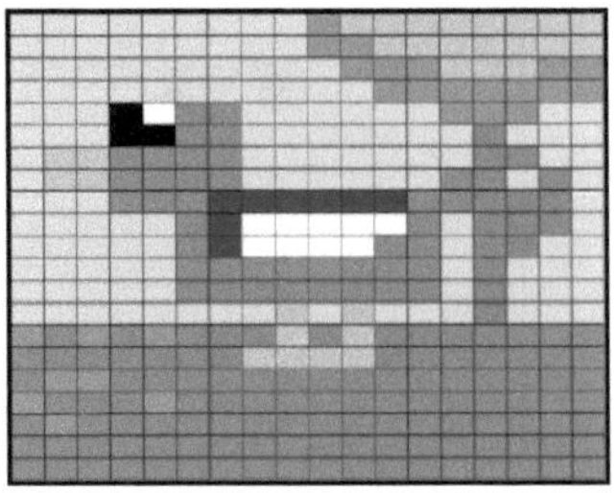

24. Baby Enderman

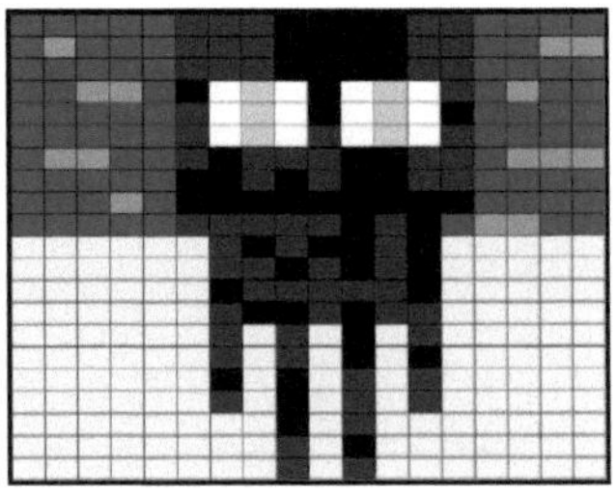

25. Baby Paradiesvögelchen

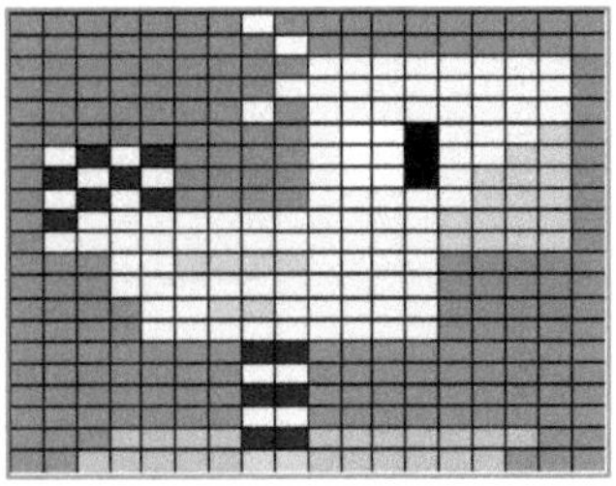

26. Baby Fledermaus

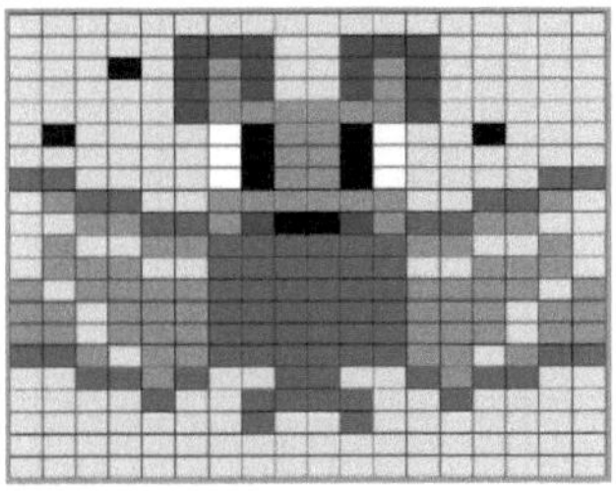

27. Baby Pinguin

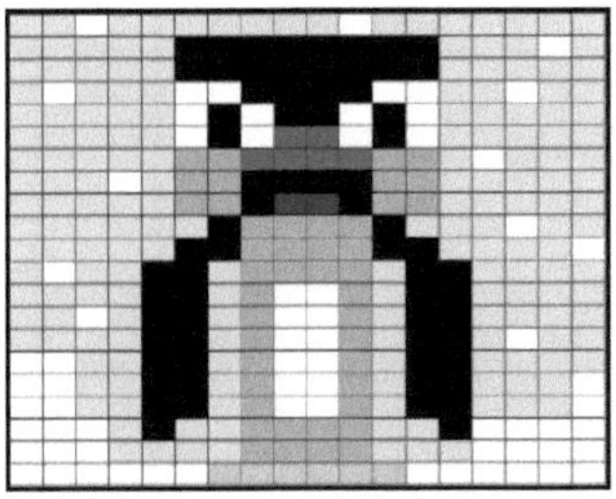

28. Baby Fischlein

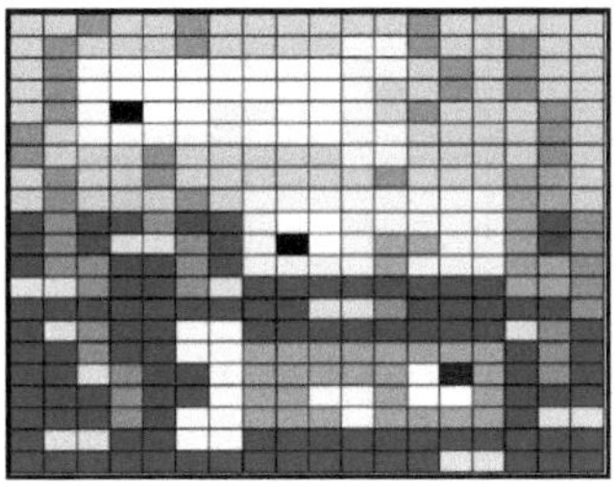

29. Baby Ozelot

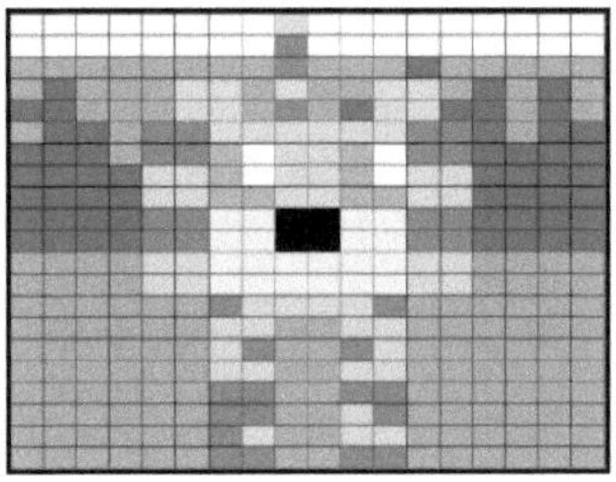

30. Baby Creeper

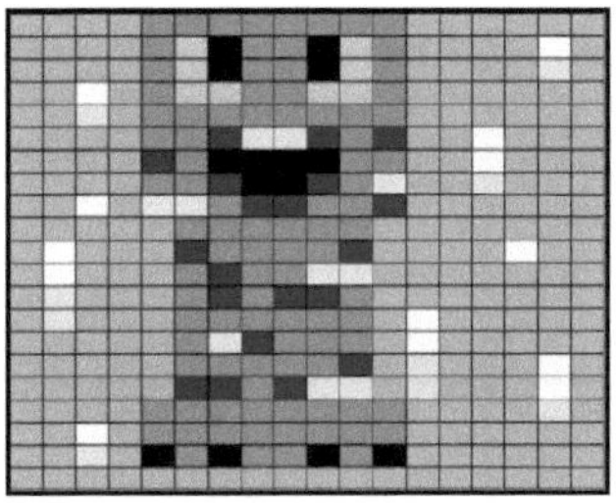

Male deine eigene Minecraftfigur

Male deine eigene Minecraftfigur

Weitere Bücher der FUNCRAFT Reihe:

Titel	Alter	ISBN
Funcraft - Das beste inoffizielle Mathe Ausmalbuch für Minecraft Fans (6-10 Jahre)	6-10	9783743196919
Funcraft - Das inoffizielle Mathe Ausmalbuch: Minecraft Minis (Cover Hase)	6-10	9783734781452
Funcraft - Das inoffizielle Mathe Ausmalbuch: Minecraft Minis (Cover Zombie)	6-10	9783743163744
Funcraft - Das inoffizielle Mathe Ausmalbuch: Minecraft Minis (Cover Dragon)	6-10	9783743182417
Funcraft - Das inoffizielle Mathe Ausmalbuch: Superhelden im Minecraft Skin (Cover Batman)	6-10	9783743192904
Funcraft - Das inoffizielle Mathe Ausmalbuch: Superhelden im Minecraft Skin (Cover Superman)	6-10	9783743192836
Funcraft - Das inoffizielle Witzebuch für Minecraft Fans	8-14	9783743192539
Funcraft - Noch mehr inoffizielle Witze für Minecraft Fans	8-14	9783743192607
Funcraft - Die besten inoffiziellen Witze für Minecraft Fans	8-14	9783743193192
Funcraft - Die lustigsten inoffiziellen Witze für Minecraft Fans	8-14	9783743195240
Funcraft - Das inoffizielle Rätselbuch für Minecraft Fans	8-14	9783743195387
Funcraft - Noch mehr inoffizielle Rätsel für Minecraft Fans	8-14	9783743195400
Funcraft - Das inoffizielle Offline Spielebuch für Minecraft Fans	8-14	9783743195424
Funcraft - Das inoffizielle Quizbuch für Minecraft Fans	8-14	9783741291203
Funcraft - Noch mehr inoffizielle Quizfragen für Minecraft Fans	8-14	9783739235592
Funcraft - Das inoffizielle Rekordebuch für Minecraft Fans	8-14	9783743165502
Funcraft - Das inoffizielle Hausaufgabenbuch für Minecraft Fans	8-14	9783743177666
Funcraft - Aufstand in Germanien (Ein Minecraft inspirierter Roman)	12-99	9783743196858
Funcraft - Eiszeitjäger: Auf der Fährte des Löwen (Ein Minecraft inspirierter Roman)	12-99	9783743196865
Funcraft - Das beste inoffizielle Notizbuch (liniert) für Minecraft Fans	6-99	9783743196872
Funcraft - Das inoffizielle Notizbuch (kariert) für Minecraft Fans	6-99	9783743196889
Funcraft - Frohes Neues Jahr an alle Minecraft Fans! (inoffizielles Notizbuch) - Das	6-99	9783743196896
Funcraft - Fröhliche Weihnachten an alle Minecraft Fans! (Inoffizielles Notizbuch)	6-99	9783743196902
Passwort Logbuch für Minecraft Fans	6-99	9783743163928
Pokefun - Das inoffizielle Witzebuch für Pokemon GO Fans	6-99	9783743109780
Pokefun - Das inoffizielle Quizbuch für Pokemon GO Fans	6-99	9783743109827
Pokefun - Das inoffizielle Notizbuch (Team Rot) für Pokemon GO Fans	6-99	9783743109841
Pokefun - Das inoffizielle Notizbuch (Team Gelb) für Pokemon GO Fans	6-99	9783743109858
Pokefun - Das inoffizielle Notizbuch (Team Blau) für Pokemon GO Fans	6-99	9783743109865
Pokefun - Das absolut inoffizielle Notizbuch für Pokemon GO Fans	6-99	9783743109834
Weltbester Radfahrer - Notizbuch	6-99	9783738610161
Weltbester Inline Skater - Notizbuch	6-99	9783738610178
Weltbester Skifahrer - Notizbuch	6-99	9783738610185
Weltbester Snowboarder - Notizbuch	6-99	9783738610192
Weltbester Sportler - Notizbuch	6-99	9783738610208
Weltbester Surfer - Notizbuch	6-99	9783738610215
Weltbester Taucher - Notizbuch	6-99	9783738610222
Weltbester Tennisspieler - Notizbuch	6-99	9783738610239
Weltbester Volleyballer - Notizbuch	6-99	9783738610246
Weltbester Wassersportler - Notizbuch	6-99	9783738610253

Von Theo von Taane gibt es weit mehr als 200 Witzebücher, Notizbücher, Romane, Spiele, Tools, Sportbücher und Kalender. Im Store einfach mal nach „Theo Taane“ suchen.
Viel Spaß!